リンゴの生産構造と産地の再編

新自由主義的経済体制下の北東北リンゴ農業の課題

長谷川 啓哉 著

筑波書房

序

　東北地域におけるリンゴの粗生産額は918億円で、個々の作目としては、米（4,709億円）に次いでいる。また、リンゴの全国の粗生産額は1,231億円であり、実に74.6％を東北地域が占めている。このように、リンゴは東北地域を代表する作物であり、その生産動向は地域農業に大きな影響を与える。

　ところで、リンゴは労働集約的作物であることから、もともと専業的な農家が多いが、近年は農外就業先が縮小しているため、リンゴ所得への依存度が上昇している。それにもかかわらず、2007年度の1戸当たりリンゴ部門所得は232万円、家族労働1時間当たり所得は744円と、他作目に比べても低くなっており、リンゴ作農家の経営は極めて厳しい状況におかれている。その背景には、リンゴ市場の自由化、高級品市場の縮小、小売主導型青果物流通システムの展開などの環境変化があり、これらに対する対応方策の解明がリンゴ農業研究に求められている。

　本書は、多くの調査を積み重ねて得られたリンゴ作農家の世帯員の就業、経営構造、技術構造などのデータを基に、共同防除組織や剪定集団など農家の協同的な生産活動を解き明かし、さらに新たな流通環境の下での現代的な産地の販売活動を分析している。このように、生産から販売まで一貫した分析を丹念に行い、リンゴ農業の課題に接近しようとしているところに特徴がある。

　本書は、リンゴ農業問題に関心のある研究者をはじめとして、現場の農家、農協、農業者団体、商人団体、普及や行政の関係者の参考になる知見を有していると考えられることから、ここに刊行するものである。関係者の忌憚のないご批判、ご教示をいただければ幸いである。

平成24年3月

独立行政法人　農業・食品産業技術総合研究機構
東北農業研究センター所長　小巻　克巳

はしがき

　著者がリンゴ農業の研究を開始したのは、農林水産省に入省し、東北農業試験場（当時）に配属された1996年のことである。当時、リンゴ技術の経営評価が技術分野から求められていたが、東北農業試験場の研究者の中に、リンゴを対象にしている研究者はおらず、著者に白羽の矢が立った。しかし、リンゴ農業の研究を始めてすぐわかったことは、リンゴ農業の研究、それも生産構造について研究している者は、東北農業試験場どころか、日本中にも極めて少ない、ほとんどゼロに近いということであった。本書においてたびたび引用している豊田隆先生がリンゴ農業の研究をしておられたのは1980年代のことであり、実に20〜30年、研究の空白が続いていた。駆け出しの研究者であった著者にとっては、またとないチャンスであったといえる。しかし、その後論文などの成果をあげることははかばかしくなかった。まさに著者の非才、不勉強の結果であるが、リンゴが永年生作物であること、果樹の中でも極めて技能性が高いことなどが、簡単に成果を上げることのできない壁となった。そのため、研究を始めてから10年近くはリンゴ技術の勉強に費やした。国公立農業試験場、大学などにおける技術研究、主産県各県のリンゴ生産指導要項にはおおよそ目を通した。しかし、リンゴ技術の勉強はそれだけでは足らない。リンゴ技術は、剪定など中核的な技術において、農家中心に改良や普及が進められており、極めて農家の主体性が高いことが特質となっている。このため、農家の技術を勉強することが不可欠であった。その際、リンゴ農家の指導者層は志操の高い方が多く、後進の者のために、多くの著作、記録が残されていることは幸いであった。剪定技術についても、農家自身の記録が多く残されている。このようなありがたい遺産をもとに、さらに勉強を進めた。第4章を始め生産構造の分析は、こうした遺産と、青森県りんご協会をはじめとする多くの関係者、農家の方々の協力の賜である。

　2007年頃からは論文が学会誌に採用されるようになった。研究史に長い空

白があるために、論文化するべき課題はたくさんあった。そして、現場の問題は生産だけでは対応しきれない問題が多いため、より実践的な方向を目指して研究対象を生産から販売に進め、ようやく本書を編むに至った。リンゴ農業研究を始めてからおよそ17年、極めて遅い足取りである。

著者の父は津軽の浪岡の出身である。津軽の借子、北海道の炭鉱労働者を経て、東京で塗装職人となった。したがって、著者は東京出身であるが、ルーツは津軽にあり、そのことは心に強く明記している。本書が津軽を中心とするリンゴ地帯への、幾ばくかの貢献となれば、これに勝る幸せはない。

2012年3月

長谷川　啓哉

目　次

序章　課題と分析視角 …………………………………………………………… 1
　1．課題 ………………………………………………………………………… 1
　2．分析視角 …………………………………………………………………… 4
　　1）果樹農業の特質 ………………………………………………………… 4
　　2）落葉果樹における果樹農業研究の系譜と本研究の立場 …………… 4
　　3）本研究の課題設定の背景 ……………………………………………… 6
　　4）リンゴ農民層に係わる先行研究と研究課題 ………………………… 9
　　5）リンゴ生産組織に係わる先行研究と研究課題 ……………………… 11
　　6）リンゴ産地に係わる先行研究と研究課題 …………………………… 13
　3．対象 ………………………………………………………………………… 17
　4．本書の内容と構成 ………………………………………………………… 18

第1章　リンゴ農業の与件変化とリンゴ作経営の動向 …………………… 21
　1．はじめに …………………………………………………………………… 21
　2．新自由主義的経済体制下におけるリンゴ農業の与件変化 …………… 21
　　1）労働市場の展開 ………………………………………………………… 21
　　2）消費市場の展開 ………………………………………………………… 24
　3．リンゴ作農家の動向 ……………………………………………………… 26
　　1）農家経済の展開 ………………………………………………………… 26
　　2）リンゴ所得及び生産性 ………………………………………………… 30
　　3）リンゴ地帯の農業構造 ………………………………………………… 30
　4．リンゴ産地の動向 ………………………………………………………… 34
　5．まとめ ……………………………………………………………………… 37

第2章　津軽リンゴ地帯におけるリンゴ作農家の階層分化の実態 …… 41
　1．課題と対象地域 …………………………………………………………… 41
　　1）課題と背景 ……………………………………………………………… 41
　　2）青森県黒石市の概況 …………………………………………………… 43
　2．津軽地域のリンゴ作農家の実態 ………………………………………… 46
　　1）農家世帯員の就業構造 ………………………………………………… 46

2）リンゴ作農家の階層性 …………………………………… 51
　3．新自由主義的経済体制下における低賃金地帯の地域労働市場と
　　リンゴ農家の階層分化の特質 ………………………………… 60
　　1）津軽地域の地域労働市場の特質 …………………………… 60
　　2）低賃金地帯におけるリンゴ農家の階層分化の特質と展望 …… 61
　　3）低賃金地帯におけるリンゴ産地の再編課題 ……………… 62
　4．おわりに …………………………………………………………… 63

第3章　農家の階層分化進行下における共同防除組織の再編　65
　1．はじめに ………………………………………………………… 65
　2．リンゴ共同防除組織の分析視角 ……………………………… 66
　　1）リンゴ共同防除組織の特殊性 ……………………………… 66
　　2）属地型共同防除組織の組織形態 …………………………… 67
　　3）属地型共同防除組織の運営管理上の問題と再編論理 …… 68
　　4）調査対象地域と選定理由 …………………………………… 69
　3．浅瀬石地区における共同防除体制と共同防除組織 ………… 69
　　1）共同防除組織の上部組織 …………………………………… 69
　　2）浅瀬石地区の共同防除組織 ………………………………… 71
　4．リンゴ作農家の階層分化と防除行動 ………………………… 73
　5．共同防除組織の収支構造―受委託型組織を中心に― ……… 77
　6．農家の階層分化の進行と共同防除組織の再編論理 ………… 84
　　1）農家の階層分化進行下における属地型共同防除組織の組織形態 … 84
　　2）属地型共同防除組織の自立性 ……………………………… 84
　　3）属地型共同防除組織の再編論理 …………………………… 85
　7．おわりに ………………………………………………………… 85

第4章　リンゴ作の技術的特質と剪定集団　87
　1．はじめに ………………………………………………………… 87
　2．剪定技術の重要性 ……………………………………………… 88
　　1）剪定技術と生産力 …………………………………………… 88
　　2）剪定技術の習得 ……………………………………………… 90
　　3）剪定技術の技能性 …………………………………………… 91
　3．りんご協会と剪定技術普及 …………………………………… 93

4．剪定集団の実態と地域農業における役割 ································ 95
　　1）りんご協会との関係 ·· 96
　　2）剪定受託機能 ·· 98
　　3）剪定技術の継承機能 ·· 99
　5．地域農業における剪定集団の課題と対応方策 ··························100

第5章　リンゴ産地間競争の実態と産地の量販店対応の動向 ········105
　1．課題と分析視点 ··105
　2．リンゴの市場条件 ··107
　3．リンゴの棲み分け戦略の特徴 ··108
　4．リンゴ産地の競争構造の実態 ··109
　　1）棲み分けと各産地の位置 ··109
　　2）棲み分け論理の後退 ··114
　5．農協共販および産地商人の競争対応 ··117
　6．リンゴ産地における産地マーケティングの課題 ····················124
　7．おわりに ··125

第6章　青森県内産地における産地構造と再編方向 ························127
　1．はじめに ··127
　2．青森県内リンゴ産地の対応すべき課題 ····································128
　3．農協共販出荷主体産地における産地構造と再編方向 ············129
　　1）青森県農協共販における産地構造の特質 ····························129
　　2）縦割り型産地構造の利点と課題 ··130
　　3）農協共販出荷主体産地の再編方向 ··131
　4．産地市場出荷主体産地における産地構造と再編方向 ············135
　　1）産地市場出荷主体産地の産地構造 ··135
　　2）産地商人・産地市場の新たな消費市場対応 ························136
　　3）産地市場出荷主体産地の再編方向 ··138
　5．おわりに ··139

第7章　小売主導下における青森県外産地の新たな産地戦略 ········141
　1．課題 ··141
　2．分析視角と調査対象 ··142

1）特別栽培リンゴとは……………………………………………………142
　　　2）特別栽培リンゴの導入条件……………………………………………143
　　　3）特別栽培リンゴの販売上の意義………………………………………143
　　　4）対象………………………………………………………………………144
　　3．特別栽培導入による産地再編の実態……………………………………144
　　　1）いわて中央農協管内の農業の概況……………………………………144
　　　2）いわて中央農協のリンゴ産地展開……………………………………145
　　　3）特別栽培の実施体制……………………………………………………151
　　　4）F社側における関係強化の理由………………………………………156
　　4．特別栽培導入による産地再編の条件と効果……………………………158
　　　1）産地戦略再編における特別栽培リンゴの意義………………………158
　　　2）特別栽培リンゴの導入条件……………………………………………159
　　　3）特別栽培リンゴの販売上の意義………………………………………159
　　　4）特別栽培リンゴの取り組みの地域的有効性…………………………160
　　5．おわりに……………………………………………………………………161

終章　結語―リンゴ産地の再編方向―……………………………………………163
　1．はじめに………………………………………………………………………163
　2．新自由主義的経済体制下におけるリンゴ農業の構造分析の総括………163
　　　1）新自由主義的経済体制下のリンゴ作農家の階層分化………………163
　　　2）リンゴ作農家の階層分化進行下における生産組織…………………164
　　　3）地域農業の後退および流通再編における産地の対応………………165
　3．リンゴ産地の再編方向………………………………………………………165
　4．今後の課題……………………………………………………………………166

引用・参考文献……………………………………………………………………168

序章　課題と分析視角

1．課題

　本書は、1990年代後半以降におけるリンゴの生産構造と産地再編の方向を、リンゴ生産の中心である北東北リンゴ地帯を対象に明らかにすることを目的とする。

　1970年代以降、果樹農業は「危機」の時代に突入した。それを指摘したのは豊田（1984a）である。高度成長期から1973年を境に低成長期に入った経済状況を背景に、豊田は「現段階のいわゆる『過剰基調』期において、我が国果樹農業は、『低成長』下での果実消費の後退、外国産果実の輸入増大、国内産競合青果物の増産など諸要因が複雑に絡み合って、極めて不安定な再生産構造の下におかれている」と指摘した。この「不安定な再生産構造」こそが「果樹農業危機」とされる。そして危機の具体的内容として「品種更新の急潮化と構造再編、品質指向の強化、兼業深化と手抜き粗放化、病虫害の激発と地力問題、生産者組織の動揺と再編成」など、主として生産力構造の弱体化を指摘した。

　その後、徳田（1997）は1985年のプラザ合意以降、国内果実市場の開放が進み、果実輸入が拡大しているという局面を背景に、現在の危機が「これまでの不況期の生産の停滞と異なり、日本農業総体が直面している深刻な危機の一側面であり、農産物供給が国内生産から輸入にシフトしている中でのもの」と指摘した。その上で「危機」の内容を①果樹農業の低収益性、②国民に対する食料の安定供給という視点からの問題、つまり果樹産地の高級品指向により、大衆消費と乖離するという問題、③地域経済および環境・資源に

対する影響の問題を指摘している。

　これら先行研究に対して、本研究も現在の果樹農業は「危機」的状況下にあると認識する。しかも、以前にも増して深刻な状況にある。背景には、1990年代後半以降本格化する新自由主義的な政策展開がある。新自由主義的政策とは、市場における国家の関与を後退させて規制緩和、民間開放、国内市場の国外開放を進める政策であると捉えることができ、わが国においては、小泉政権下において最も典型的に進められている。

　このような政策展開は、こと農産物市場や農業政策のみならず様々な形でリンゴ農業にも影響を与える。しかもそれはリンゴ農業、つまりリンゴ作農家、農村、産地の存立構造を脅かす方向で生じている。これらを存立させるための原資はいうまでもなく兼業賃金と果実販売代金である。このうち兼業賃金は、「構造改革」がすすめた従来型低賃金業種の整理縮小により、喪失した。そのため、果実販売代金に対する依存度が増大している。ところが、果実販売代金を規定する市場条件は、新自由主義的な政策展開のもとで、一層厳しさを増している。それは第1に、外国産果実、特に果汁の輸入増大により、格外品からその周辺の下級品にかけての価格が暴落したことである。第2に、「構造改革」がもたらした中産階級の縮小と低所得者層の拡大による、消費市場の縮小、および百貨店需要に代表される高級品市場の縮小である。第3に、持ち株会社解禁、大店法改正などによる小売業者の巨大化、それに伴う卸売市場の地位の低下である。このような市場条件から得られるリンゴの販売代金は極めて低水準で、農家経済は危機的状況にある。このため市場変化に対応しながら、リンゴ依存度を強めるリンゴ作農家を支援しうるように、地縁的・集団的に形成される生産地域の販売体制である産地を再編することが大きな課題となる。

　現在のリンゴ市場は、競合の激化から下級品を中心に値崩れしやすくなっている。しかも従来のように高級品の高価格販売でそれをカバーすることは難しい。価格が上がりにくいなかで流通コストを削減し、かつ値崩れしないように取引を安定させるには、市場細分化による製品戦略のみでは対応が難

しく、契約的取引などのチャネル戦略が重要となる。しかし、小売業者が巨大化し、交渉力を強めている中で産地側の要望を通していくことは極めて困難である。ただし、小売業が巨大化しているとはいえ、日本においてはリージョナルチェーン以下の規模のスーパー、生協など多様な小売業者がなお健在である。こうした小売業者は全国展開を進めるナショナルチェーンとの競合・競争が厳しく、産地側が競争力を高める商品を提供することで、交渉力を強化する局面もあろう。この点で、産地は製品戦略とチャネル戦略を併進させていく必要が生じる。

　その基礎条件となるリンゴの生産構造であるが、手作業中心のリンゴ作において、大規模化を図ることは難しい。また、リンゴ生産の中心である北東北地域では、地域労働市場の縮小から、中高年齢者や女性を中心とした農家労働力がリンゴ農業に回帰し、リンゴ作の農家層は多様化するとともに、リンゴ所得への依存度も高めている。むしろ、このような農家の多様性や周辺的な労働力を競争力に活用することが多様な製品戦略につながる。重要なのは、それらを商品生産に方向づける組織化、集団化のあり方、つまり産地のあり方である。それには、従来は生産力の維持・向上を重視してきた既存組織の再編や、共販組織との関係の再整理などが問題となろう。特にリンゴ農業は、技術、販売の両面で国家による保護の乏しい中で自主的に展開してきており、自主性の強い集団・組織が展開してきている。こうした活力を統合して市場に対抗し、かつ次世代につなげていくことがリンゴ農業の課題である。

　本書では、新自由主義的経済体制下においてリンゴ農業の存立が厳しさを増す中で、農家、生産組織などの構造を明らかにしながら、市場対応に向けた産地の再編方向を明らかにすることを課題とする。

2．分析視角

1）果樹農業の特質

　日本において、果樹農業は他の作目と比して以下の特質がある。
　一つには土地利用上の特質である。果樹園は平坦地の周辺の傾斜地中心に展開してきている。二つには農作業上の特質である。果樹農業は労働手段の発達が遅れ、手作業中心の技術体系となっている。それゆえ、果樹作労働は技能的性格および集約的性格が強い。三つには販売上の特質である。果樹農業は嗜好品として、都市部での消費が中心である。そのため、果樹農業は都市の発達に対応して展開している。四つには、生産が地域的に偏在していることである。これは、他の作目に比して果樹は適地条件の制限が強い上、厳しい市場条件のもとで展開しているので、耕境の論理が貫徹しやすいためである。五つには、政策的関与が乏しいことである。果樹の中でもミカンは拡大過程、縮小過程ともに多額の政策投資がなされている。リンゴではガット・ウルグアイラウンド対策時にまとまった政策投資が見られるものの、それ以外ではそれほど目立つ政策投資はない。

2）落葉果樹における果樹農業研究の系譜と本研究の立場

　ところで、戦後の果樹農業は、わが国の経済成長にともない変遷している。すなわち、1960年代の高度成長期まで拡大した後、低成長期前半の1970年代に縮小、後半の1980年代には落葉果樹産地中心に拡大、1990年代のバブル崩壊以降は全面的に縮小という展開を遂げる。ここでは、リンゴを中心とする落葉果樹の生産構造を主として対象とした研究業績をとりあげ、課題や分析視点の特徴について検討する。
　まず、果樹農業が大きく成長したのは、高度成長期の1960年代である。この時期の果樹農業は基本法農政下において、いわゆる「成長部門」と位置づけられている。この時期の代表的な研究者は御園（1963）である。わが国の

主穀である米はこのころ過剰問題が顕在化したため、問題を解決するために果樹は畜産とともに奨励されることになる。高度経済成長下で国民の食料消費が主穀から嗜好品に広がったことを背景に、果樹は生産面積、生産規模の拡大を通して生産量が増大している。優等地に展開した先行地域が差額地代をもとに産地整備のための投資を行うとともに、新たな地域が次々と果樹生産に参入している。資本力のある上層農家は新たな傾斜地を取得・開墾し、機械を導入しながら、農村に滞留している雇用労働力や下層農家の労働力を用いて有利な生産条件を整えている。このように主産地や上層農家など優位な条件にある者が追加投資によりさらに有利な条件を作り、中小産地や下層農家がその余慶を得る。御園に明らかにされた1960年代の果樹農業の生産構造はこのような状況である。

　1970年代になると、日本経済は低成長期に突入し、果樹産業も調整局面にさしかかる。一方、経済不況を農村の低賃金労働力の活用による対外競争力の向上によって打開しようとする経済政策、つまり農村工業化政策等により地域労働市場の拡大が進行し、果樹農家の労働力基盤を揺るがすようになる。さらにバナナ自由化、グレープフルーツ自由化などの対外市場開放がこのような状況に追い打ちをかける。この時期の代表的な研究者は豊田隆である。豊田（1990）はこの状況を「果樹産業危機」とよび、その下での果樹生産構造をリンゴ中心に明らかにしている。調整下では拡大期に後発参入した産地が脱落し始め、主産地＝大産地の有利性が明確となる。しかし、農家においてはむしろ上層農家の「生産力上の退行」が目立ち始める。国民所得が向上し、より高品質の果実を求める中で、手作業中心の技術構造のもとでは生産力上の優位はむしろ中層にあることが明らかになってくる。リンゴ地帯では、このような技術構造と土建日雇い、出稼ぎなどの不安定兼業が結びつき、農家の等質化が進行する。そして、そのような農家集団による集団的生産諸力の形成が重要視されている。

　さらに、1980年代にはいると、低成長期ながらも、減量経営、ME化、農村低賃金労働力の活用による対外競争力の強化により得た巨大貿易黒字を背

景に、一般国民にも所得向上の恩恵が行き渡るようになり、消費は成熟して一層高級化が進行する。果実はその傾向がすぐれて顕著な消費財の一つであり、ことにこの流れに乗り需要を拡大させたのが高級品的・嗜好品的性格の強かった落葉果樹である。この時期の代表的な研究者は徳田博美である。徳田（1997）は高級品需要に先進的に対応する地帯として東山地帯を取り上げ、その生産・販売構造を明らかにしている。落葉果樹産地は高級果実の供給を図るのであるが、それは従来と異なり、大産地よりもむしろ小産地の方が対応しやすい。そこでは、集団的生産諸力の形成よりも先駆者利潤を得るための新商品、新技術の不断なる投入や、果実品質の高位平準化が課題となる。そのため、販売戦略に機動的に対応しうる「産地システム」の構築が問題となるのである。一方、このような販売戦略は高水準の労働集約が求められ、樹園地規模的な上向展開が制限されるとともに、労働力の保有状態に基づく階層分化もあわせて進行している。

以上のように、リンゴを中心とする果樹農業の研究においては、地域分化、農家階層を主たる分析対象として、構造的に優位にある産地、あるいは階層の所在を示すと同時に、問題点を明らかにし、それを補完するための集団的なシステムを示している。本書においても、基本的にその分析枠組みを継承する。しかしながら、優位性の所在は時代とともに変化し、補完する集団的システムも異なってくる。そこにこそ本書が独自性を発揮する局面がある。

3）本研究の課題設定の背景

そこで1990年代以降の状況を概括しながら、本書の研究課題を具体的に検討していく。1990年代はバブル経済の崩壊で幕を開ける。とはいえ、バブル経済崩壊後も1990年代の中頃ぐらいまでは1980年代的状況が縮小しながら継続する。そうした経済状況下において、中曽根政権時に導入された新自由主義的な経済思想は、「規制緩和」という形で、対象分野を拡大しながら経済政策の基調をなしていき、1990年代後半の橋本改革を経て、2000年代の小泉政権時に「構造改革」として全面的に展開する。本書の対象とする1990年代

後半以降のわが国経済体制は、この全面的に展開した新自由主義的政策に強く影響されている。

　このような新自由主義的経済体制のもとで、リンゴ農業の与件も変化しているが、重要なのは以下の4点である。

　第1に消費である。新自由主義的経済体制の特徴の一つは、格差構造を拡大させることにある。地域格差、企業格差など格差には様々あるが、ことに所得格差の拡大は消費構造を根幹から変質させる。わが国の消費を中心的に担ってきたのは中産階級であるが、2000年ころから、この階級が分解しつつある。1980年代の高級品需要を支えたのはまさにこの中産階級であったため、その分解は百貨店の売り上げ大幅減少で示されるような高級品市場の縮小に帰結している。果実についても高級品需要は減少しているといえる。そればかりか、中産階級のかわりに顕著な増大傾向を示しているのは低位所得階層である。バブル経済が崩壊した1990年にも消費市場は縮小したが、この時点では景気が回復すれば高級品等の消費も回復する余地があった。しかし、2000年以降のこうした構造変化のもとでは、そのような状況は望めなくなっている。

　第2に地域労働市場である。豊田（1982）が示したとおり、リンゴ農家は農業所得のみで農家経済を成立させているのではない。北東北リンゴ地帯では低賃金職種に就労し、その賃金と合わせて農家経済を成立させてきたのである。しかしながら、「構造改革」では、公共投資の削減、産業構造再編政策による中小企業の整理により、従来の低賃金労働市場は大幅に縮小してしまっている。つまり、リンゴ農家の等質化を進める装置の一つであった地域労働市場は、すでに変質を遂げているのである。

　第3に青果物流通である。青果物流通は従来、卸売市場がその中核を担ってきた。しかし、1970年代に生協を中心とする産直運動が生じてその後発展する（宮村 1988）とともに、大規模化した小売業が産地と直接提携する局面も生じる（坂爪 1999）など市場外流通の占める割合が増加している。さらに、青果物輸入が増大し、小売が商社から直接仕入れることも多くなって

いる（坂爪 1997）。これにより、青果物流通における卸売市場の主導性は大きく低下し、小売の主導性が強くなっている。そしてそのような状況をさらに加速させる流通規制緩和政策がすすめられている。まず小売業の展開を強く規制していた大規模店舗法は2000年に廃止となる。大規模店舗法は、伝統的な零細業者のみならず、量販店同士の競合も防止する働きをしていたが（川野 2006）、廃止により小売業者間の競争が激化する。2000年以降、小売業界では競争に勝った業者が負けた業者や中小の業者を吸収するようなドラスティックな再編が行われ、巨大なナショナルチェーンが成立している。また、卸売市場についても政策的な規制緩和、自由化が進められる（小野 2001）。量販店の成長に合わせて、従来より、取引の規制緩和などがおこなわれていたが、2000年以降その動きは加速し、2004年の卸売市場法改正においては「生鮮食料品等の流通において卸売市場は中核という位置づけではなく、流通の一つとして特別視しない」という状況となっている（細川 2009）。このような量販店の巨大化と流通の規制緩和の下で、産地はチャネルも考慮して販売戦略を構築しなければならなくなっている。

　第4に農業政策である。農業は新自由主義の標的になってきた分野であり、特に食糧管理法や生産調整などの価格維持政策は、前川リポートなどでやり玉に挙げられている（三島 2001）。1993年に食糧管理法が廃止され、2004年には生産調整の主体が農業団体、すなわち農協になるとともに、米の販売は原則自由となるが、この過程で、米の価格は急速に下落する（小野 2001）。このことはリンゴ作経営にも大きな影響を与えている。豊田が指摘したとおり、リンゴ農民は1.5ha程度の経営規模で、米との複合経営が一般的であった。稲作所得もリンゴ農民の家計を支える重要な部門であったのであるが、大幅な米価格下落により、その役割をほとんど喪失している。また、果樹農業において直接的に影響を与えてきたのは輸入自由化政策である。特に、リンゴ市場に影響を与えたのは1990年の果汁市場の開放である。輸入が爆発的に増加したことから国産加工リンゴ需要は減退し、加工品仕向けの規格外品の価格は暴落した。供給量の多い年は、価格下落の影響はすぐに下級品に及ぶよ

うになり、加工が担ってきた需給調整機能は大きく低下した。このことが果汁自由化以降、果実相場を不安定化させ、特に供給過剰時に価格暴落を生じさせる要因となっている（宇野 2009）。生果については、同一品目で直接競合するような状況にはないが、検疫上の輸入禁止措置が次々と解禁されていることから、今後の影響が不安視される状況にある。このように国内市場が自由化される一方で、先進的輸出作目として輸出が奨励されている。

　以上のような状況の中で、本書はリンゴ農業を対象に次のことを問題とする。第1に、農民層の存在形態である。第2に、農民層の存在形態を前提として形成される生産組織の課題と展開方向である。第3に、農民層と生産組織を基盤として形成される産地の課題と展開方向である。

4）リンゴ農民層に係わる先行研究と研究課題

　第1に、リンゴ農民の農民層のあり方について。わが国の農民層分解論は、大別すると①生産力構造、②地域労働市場の二つの視点から論じられてきた。果樹農民層についてもこの二つの視点が中心となっている。

　リンゴ作では、明治・大正年間に病虫害激発による生産力低下により、粗放的な豪農経営が崩壊した後、技術的課題に対処して成立した小農的技術体系と共有地開墾を基盤として多くの農民的経営が成立している。ただし、農民的経営といっても農地所有とそれに基づく家制度により、農村階級に強く規定性され、上層農家は本家的な性格を持って下層農家を支配し、それにより階層的な優位性を得ていることが磯辺（1954）により指摘されている。

　これに対し、高度成長下における果樹生産構造を分析した御園（1963）は、リンゴ地帯である青森県も含めて、雇用労働力と技術構造の先進性により、上層優位の生産力階層間格差が生じていることを指摘している。磯辺が、近代的雇用関係が成立していない中で上層優位の構造が作られていることを指摘したのに対し、御園は貨幣経済の発達・浸透により雇用関係の近代化が進んでいるとした上での上層優位であるとしたことに大きな違いがある。ただし、上層優位の構造があるといえども、外部労働市場の不十分性と不安定性

により農民層は分解には至らず、分化にとどまるという見解を示している。

　高度成長期が終焉し、低成長期にはいると日本資本主義は、減量経営、ME化と並行して農村の低賃金労働力の活用により競争力を向上させ、輸出を拡大させている。低賃金労働力の獲得のため企業は農村に進出し、地域労働市場が展開する。東北はその動きが最も遅れた地域であるが、それでも1970年代の後半には展開を見せるようになる。北東北のように、その展開がさらに遅れた地域においては、出稼ぎなどの形態により、農村労働力が活用されることになる。そのような中で、リンゴ農民層は同質的な不安定兼業集団であるとしているのが豊田（1982）である。豊田はリンゴの生産力構造について、手作業中心の技術構造のもとで、上層農が「粗放的経営」として退行的展開をとるのに対し、中間層優位の状況にあることを指摘している。そして、それが出稼ぎを中心とする多就業的な農家就業のあり方と結びつき、同質的な不安定兼業集団が成立するとしている。豊田は磯辺や御園の指摘した「次位層の有利性」を高く評価しているのである。

　そして本書であるが、生産力構造については手作業中心の技術構造に大きな変化はなく、上向展開にはなお制限があるという立場をとる。しかしながら、豊田の研究以降、多くの技術革新があり、その中では労働対象技術を中心に省力化が図られている。具体的にはわい化栽培の普及、摘花剤の開発、摘果剤の開発、虫媒受粉の普及、無袋栽培の普及、摘葉剤の開発、葉とらず栽培の普及などである。一方、高級品市場が縮小する中で、かつてのように「芸術品的」（豊田 1990）なリンゴに飛び抜けた高価格は与えられなくなっている。労働集約に見合う価格は付与されなくなっていることから、それを生産基盤とした下層農家の収益性が後退する中で、一定の規模の経済が見られるようになっている。しかし作業の省力化が進んだとはいえ、それにより剪定、摘果、着色管理、収穫などの労働集約的作業が軽視できるという水準では全くなく、依然、リンゴは労働集約的体系にあり、上層の収益性向上には限界がある。

　一方、地域労働市場については大きな変化がある。ことに大きな問題は低

賃金職種の縮小を中心とした地域労働市場の縮小である。リンゴ農業が主として展開する東北地域に製造業が進出するのは最も遅く、しかも低賃金労働力を目的とした弱電・縫製などの内陸型・女子型企業の進出が主であった（青木 1985）。男子労働力は、若年層であればそのような進出企業に採用される者もいたが、壮年から中高年層の多くは1980年代における公共投資の増大に伴い成長した建設業に吸収された（宇野 1990）。それでもなお、吸収され得ない労働力が出稼ぎを行った。それは北東北で顕著であった（豊田 1985）。これまでは、そのような構造も経済成長の中で段階的に解消されるという考え方が多かった。しかし、地域間の産業構造格差が解消されないまま新自由主義的経済体制下で産業構造再編が行われることにより、逆に格差が広がる形となっている。そこで調整されるのは、むしろ従来の低賃金職種であり、それが産業の主力であった北東北では地域労働市場が大きく減退しているのである。そのために、農業依存度は高くなり、農業依存度が低下して農業構造再編が生じている近畿とは異なる状況となっている。ことに中高年層や女性などの周辺労働力は農業に回帰せざるを得なくなり、若年層の中には地域に見切りを付けて県外に流出する者も生じる。地域労働市場が未熟な北東北では、未熟であるがゆえに階層分化が生じるのである。これは従来の地域労働市場の展開に伴う階層分化とは異なる現象である。本研究では、そのような厳しい状況下にある、新自由主義的経済体制下のリンゴ農家の階層分化の実態を明らかにする。

5）リンゴ生産組織に係わる先行研究と研究課題

　第2に、リンゴ生産組織の課題と展開方向について。農家が土地持ち労働者と企業的経営という形で分解するまでに至らず、階層分化でとどまる場合、生産力向上や市場対応といった経済的課題に対して、農家は集団的に対応することとなる。その集団的対応の拠点となるのが農村における共同体である。農村における共同体は、基本的に土地利用や水利用に係わる結合によることから、農家の集団的対応は地縁的な組織化という形で現れてくる。組織化に

は共販など販売の組織化もあるが、ここでは生産の組織化を検討する。

　生産の組織化には様々な形態があるが、ミカン農業では、共同化の究極的な形態として、共同経営が若林（1962）によりとりあげられたこともある。しかし、果樹農業は共同化の基盤となる機械化がごく一部の作業にとどまり、主要作業は手作業であることから、このような共同経営は、開発共同など極めて限定された局面でしか成立していない。

　これに対し、多くの果樹農業で、組織化が進行したのが防除である。中でもリンゴ作はその典型である。病虫害はリンゴ生産に甚大な被害を与えるために、リンゴ農民は多大な労力を防除に割いていた。今日でも生産性向上や高品質生産の上で、防除は重要な課題である。しかし、かつてとは異なり、病虫害防除は手作業中心のリンゴ作の技術体系において、突出して機械化あるいは施設化およびそれによる省力化が進んでいる作業となっている。その他の作業との適正規模の格差から、農民は防除の集団化を進めているのである。かつ防除に関して共同化が進むもう一つの論理として、水利用の問題がある。定置配管方式にしてもスピードスプレーヤーにしても薬剤散布には多くの水を必要とする。そのため、共同防除組織は水利共同体を基礎に、属地型のぐるみ組織として成立した組織が多いのである。

　このような性格をもつ共同防除組織は、リンゴ作における典型的な地縁集団的生産力対応の問題として取り上げられている。例えば1960年代に取り上げた御園（1963）は、「上向展開が限界まで達した上層農家が中心となり個別経営では導入不可能な高度機械化技術を採用するために設立した」とした上で、「それは同時に、下層農家の低労賃労働力の確保が重要な意義を持っていた」としている。1970年代に取り上げた豊田（1982）は「農村工業化の進展とリンゴ価格の相対的維持により分化促進作用は抑制され、水利共同体を基礎にしていることも相俟って、むしろ分解緩和作用が強く働いた」としている。この認識の差は果樹農民層の実態に対する認識差から生じるものである。そうしたことから、現在の農民層の実態に対応する共同防除組織のあり方について、あらためて問い直す必要がある。

リンゴ作ではもう一つ、重要な生産者の組織化がある。それは剪定に係わる組織化である。剪定はリンゴの技術構造を特徴づける技術で、生産力形成あるいは高品質生産上、極めて重要な技術である。ところが、リンゴ経営経済研究において、その重要性が十分分析されてきたとはいえない。リンゴの剪定の技術的特質として、生産力形成上の重要性に加えて、①剪定技術の発祥以来、開発・改良・普及の主体が農民であること、②技能的性格により技術習得が長期にわたることがあげられる。そして、この性格のために、他の作目に類を見ない、独特で主体的な農民組織が発展しているのである。すなわち、剪定技術の継承組織である剪定集団とそれを基礎として形成される青森県りんご協会である。これらは、剪定技術で結ばれたリンゴ農民組織ということができる。国家の農業関与が後退している現代において、まさにその意義が問われているといえよう。

6）リンゴ産地に係わる先行研究と研究課題

　第3に、リンゴ産地の課題と展開方向について。生産組織と同様に、農民層が分解せずに農家の階層分化にとどまり、経営主体として小農が一般化する場合、大規模化する流通に対抗して販売についても集団的な対応が生じる。このような論理を「農産物の商品化構造」として先駆的に示しているのが川村琢である。川村（1976）は、「高度経済成長のもとで、市場の編成の中に前期的な遅れを残したまま組み込まれていった農業の市場対応を、農産物の商品化構造として捉えよう」とした上で、「中農層が商品生産者の中核として、自主的に市場に対応してゆく形態として、生産過程における対応については、中農層の経営転換が立地にそくして、集団的に形成する主産地化としてとらえ、流通過程における対応については、これら中農層が商業資本との競合のもとで形成してゆく、農業協同組合の共同販売としてとらえようとした」としている。そして主産地については「農業の生産力の進展、農業の商業化、農民の分解という、いわば農業進化のすがたを、生産物にそくして、地域的にとらえたものにほかならない」としている。つまり、川村は農村に商品経

済が浸透し始めた時期から高度成長期にかけて、小農を主体として、農業協同組合を拠点に、主産地が形成されていく姿を「農産物の商品化構造」としたのである。そしてその主産地形成論には農民層分解、生産力構造、経営専門化・単一化、地域的専門化・集中化等が含まれている。

　このような主産地形成論の内容を、果樹農業で示すのが御園喜博である。御園（1963）は主産地形成を「かつて副業的・分散的な小規模零細生産のものが、特定地域の経営に大きく集中・引きあげられて、そこで一定の地域規模と普及度をもち、地域生産者の多くが支配的にこれに関与し、しかもそこで個別経営の商品化率が高く、それらの大規模化と専門化が進み、それへの依存度が支配的なものとなる、これに応じてそこでは生産力もヨリ高く、技術もヨリ発達し、大量集中と相対的低価値によって市場をも大きく支配するにいたっている、地域農民のこれに対する意欲も高い」という点を内包する概念であるとしている。つまり、川村や御園によってイメージされるのは大規模専作経営体による大規模主産地であり、その形成が果樹農業の展開において重要とするのである。

　これに対して豊田（1984a）はこれらが示した分析的枠組みを評価しつつも、このような主産地形成論が「社会的分業の論理」をもとに、「能率原則」、「規模の経済」に傾斜している点を問題視する。そしてこうした視点の弱点である生産力把握の脆弱性に対し、生産力分析を起点として、中規模層優位の生産力構造、複合化、集落レベルからの小産地再建という、いわば「下からの分析の積み上げ」により、集団的生産力の形成を課題とするのである。実はこうした修正は川村（1976）においてすでになされていて、装置化、システム化している営農団地に対して、「農民的生産の積み上げのもとに主産地を形成し、商品の販売をつき進める農民的商品化構造」の重要性を指摘している。豊田の研究は、それを念頭におきながら、主産地形成論と地域農業論の統合を図るものといえよう。

　豊田の研究方法は、多くの農民層を産地で存立させ、かつ大産地と小産地の論理を融合させて捉えていくものとして現在も重要である。ただし、豊田

の分析は集落の生産組織などをいかに共販組織などに位置づけるかという点、あるいは徳田（1997）が明らかにしているもう一つの産地課題、先駆者利潤を得るための商品開発などの機能をいかに産地組織の内部に収めるかという点は展開していない部分である。これは特に大主産地である青森県のリンゴ流通に占めるリンゴ産地商人のウェイトが大きく、リンゴ共販論を十分に展開することが難しかったことが背景にあると考えられる。

　そこで、リンゴの流通論に関して整理しておきたい。リンゴ流通における産地商人の優越は、「流通近代化の遅れ」として指摘されている（川村1971）。これに対して、宮下（1963）は既往文献では「（産地商人が）何故に今日のような力をもち、農協の攻勢をはねかえしているのか」明らかにしていないとし、リンゴ商人が選果などに見られるように原料を仕入れて加工するという労働過程をもつマニュファクチュア的経営を行っているとしている。また、宮村（1987）は宮下の指摘を受け、「移出業者が、もっぱら、保管・冷蔵・選果のために投下する不変資本部分のうち固定資本的生産用具・生産施設は流通資本によって用いられているため、流通手段とよぶこともできるが、ことがらの本質は、生産的労働手段の体系であるとみられるのではないかと考える。このような機能を果たす限りにおいて、また、その機能部分に関して、移出業者には生産者的性格があるといっても差し支えないように思われる」と考察している。さらに、豊田（1987a）は手数料商人説を批判しつつ、これらの研究を受けて「果樹商業資本は、果実の商品特性（perishable）を基礎として、第1に、規格・包装・保管などの生産資本的機能を併存させ、第2に、集分荷機能・価格形成機能などの独自的商業機能を自立的に展開させ、これらがひとつの参入障壁（barriers to entry）となって、『小農』費用価格範疇の形成度合に応じた商業利潤を追求している」としている。その中でも大規模産地商人層は「第1に、多数の仲買人（しばしば半農半商）を集落に配して強力な集荷パイプを構築し、あわせて産地市場からも買付ける。第2に、多量の低賃金・季節雇用の選果労働力を調達し、集約選果を行う。第3に、C.A.貯蔵（Controlled Atmosphere）などの貯蔵能力で優位に立つ。

第4に、自己に有利な販売重点時期を設定し、販売仕向け市場においても『適所』を発見するなどmarket orientatedなフレキシビリティを有している」等の評価をしている。

また、青森県リンゴ流通では、産地商人以外にも産地市場の存在感が大きい。産地市場については、その具体的な形である弘前地方卸売市場が開設される前から、宮下によりその構想が述べられている。1970年に弘前大城東青果が、1972年に弘果弘前中央青果が開設されて以降は、今河（1972）や田辺（1975）によってその存立構造、経済的意義等が分析されている。その後は豊田（1987b）により、産地商人との共同集荷機構を形成することにより集散市場の中で産地市場が自立性を保持していることが指摘されている。さらにこうした産地商人、産地市場に特徴づけられたリンゴ流通において、独特の価格形成が行われていることが、田辺（1972）や豊田（1987a）によって指摘されている。

このように、当初前近代的とされてきたリンゴの流通も、その後のリンゴ研究では、産地商人や産地市場の機能が評価されてきている。本書では、農協共販を評価するが、かつてのように、農協共販ならば進歩的と自動的に位置づけられるような状況ではなく、単純に産地商人を悪玉的に扱うことはできない。一方で、青森県内において産地商人が大きくシェアを下げていることは確かであり（成田 2005a）、その背景には後退する地域農業への対応や後述する青果物流通システム変革への対応がある。要はこうしたリンゴ農業の課題に対応できるかどうかという点に問題がある。

リンゴ産地の課題として、近年重要になっているのは「小売主導型青果物流通システム」への対応である。そのような状況を先駆的に捉えたのも豊田である。豊田（1987b）は1980年代後半に、果実流通が量販店スーパーにインテグレートされていることを指摘し、その対応として産直の重要性を述べている。1980年代においてそのような状況が現れたかの是非はともかくとして、その後の大きな論点となっている。これに対する一つの立場は、フードシステムの合理化と称して、これを積極的に肯定するフードシステム論的立

場である。この立場の特質は、農業・産地サイドに主体性をほとんど認めず、イニシエーターあるいはコーディネーター論を展開する点である（斎藤 2001）。もう一つの立場は、このようなシステムは、量販店スーパーに対する産地の従属化を促進するという立場である（坂爪 1999）。量販店スーパーが大規模化する理由と、その資本規模を考慮すれば、そのような実態になるのは当然で、フードシステム論で言う「小売と産地の互酬性」（木立 2003）などは理想論に近い。ただし、急速に巨大化しているものの、他国に比べて量販店スーパーの寡占度の低いわが国小売業界において、小売店間の競争関係について、産地が主体性を保ちながら小売店と交渉するあり方は、まだあり得ると考える。その主体的なあり方を「農民的商品化構造」としていかに析出するかが、リンゴ産地研究に課された一つの大きな課題であろう[1]。

3．対象

　本研究の分析対象は北東北地域である。その理由の第1は、リンゴ作が北東北中心に展開している作物だからである。北東北3県のリンゴ栽培面積に占めるシェア、出荷量に占めるシェアともに60％を超える。そのため、リンゴ生産地域を代表する地域と認められる。歴史的にも、リンゴの技術、農家層、生産組織、産地・流通組織は北東北において先進的、中心的に形成され、先行研究も主対象としてきた。このような点から、リンゴ生産の構造と産地の再編を論じる場合、その主要な対象となる。主要なリンゴ生産地域としては他に南東北、東山などの地域がある。これらの産地は地域労働市場が展開し、かつ果樹複合地帯である。つまりリンゴ以外に選択肢のある地帯で、リンゴ農業の存立条件が厳しくなる中で、リンゴからの離脱傾向が強まり、リンゴ生産面積の減少を著しく加速させている。そのため、今後リンゴ生産において、北東北地域が占める比重は、一層高くなることとなるだろう。もちろん、南東北、東山地域の分析も重要であるが、本書では今後のリンゴ生産においてさらに重要性を高める北東北地域を対象とする。

第2は、北東北地域が新自由主義的経済体制下で、極めて厳しい状況におかれている地域だからである。北東北地域は、従来から最も地域労働市場の展開の遅れた低賃金地帯と位置づけられてきた。新自由主義的な「構造改革」のもとでは、最もマイナスの影響を受けた地域である。それにより、リンゴ作農家は生計費の確保構造が急速に瓦解するなどの困難に直面している。上述のように、他産業従事や他の樹種への転換などの逃げ道がある南東北、東山地域に対して、北東北地域のリンゴ作農家は逃げ道がない。北東北地域のリンゴ地帯では地域労働市場が解体しつつあり、リンゴ農業がなければ地域も衰退するのである。このような困難な状況を捉え、対応方策を考察することを本書は課題とする。

4．本書の内容と構成

　本書は次のような内容で構成する（構成図）。本書は新自由主義的経済体制下におけるリンゴ農業の再編方向を生産から販売まで通貫させて分析することを意図している。そして、リンゴの技術的特質や北東北の地域的条件から歴史的に形成されてきたリンゴの生産構造および販売・流通の構造を描出するとともに、新自由主義的経済体制下におけるその変化を把握し、再編方向を示すことを目的としている。

　以上の構想のもと、第2章から第4章まではリンゴの生産構造に関する分析、第5章から第7章まではリンゴ産地に関する分析を配置し、リンゴ生産及び流通・販売の動向について総括的な統計分析を第1章に配置し、第1章から第7章を通じたリンゴ産地の再編方向の分析を終章に配置した。以下各章の内容について要約して示す。

　第1章は、新自由主義的経済体制下におけるリンゴ農業の課題を統計的に把握することを目的に、労働市場及び消費市場の動向を把握した上で、農家経済、就業形態別農家数、規模階層別リンゴ農家数、リンゴ農家の生産性及び収益性の動向を分析する。

序章　課題と分析視角　19

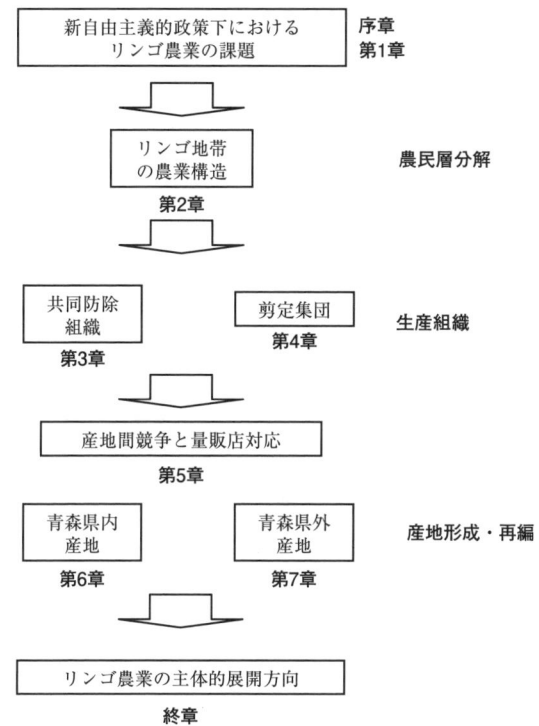

　第2章では、津軽リンゴ地帯において典型とされてきた1集落の悉皆調査をもとに、新自由主義的な産業構造再編政策下におけるリンゴ農家の階層分化の実態と要因を分析し、今後の展開方向を検討する。

　第3、4章では、第2章で明らかにした農家の階層分化のもとでの生産組織の再編について論じる。

　第3章では、リンゴ作における典型的な地縁的生産組織である共同防除組織のうち、主として属地型共同防除組織を中心にとりあげ、稲作におけるぐるみ型生産組織の分析方法を参照しながら、農家の階層分化が進む中での組織の展開方向を分析する。

　第4章では、果樹園芸学的視点から、剪定技術の特質である技術体系における中核的性格、技術習得の困難性、技能的性格を分析した上で、かかる技

術構造を基盤として成立するリンゴ農民の組織、つまり剪定集団および青森県りんご協会の性格を明らかにし、農家の階層分化が進行する中での、このような組織の展開方向を検討する。

　第5～7章までは、第2～4章の農家の階層分化及び生産者組織の分析を組み入れながら、リンゴ産地の構造と変化を分析する。

　第5章では、近年のリンゴの産地間競争構造を、主として市場関係統計を用いて分析した上で、各産地の競争対応状況と量販店対応の傾向について、各産地の市場地位と関連づけながら分析する。

　第6章では、リンゴ市場において圧倒的な影響力を持つ青森県内におけるリンゴ産地構造の特質を明らかにし、農家の階層分化、量販店スーパーへの対応について分析する。

　第7章では、青森県外産地で先進的に量販店との契約的取引をすすめている岩手県いわて中央農協を事例に、小売の主導性が強い現在の青果流通において、産地の主体性を確保するための産地戦略の方向について分析する。

　終章では、まとめとして、リンゴ産地の再編方向を示す。

注
1）農協をベースに地域農業の主体性を追求する文献として、大橋（2008）があげられる。そこでは、農協そのものが主体的であるための事業の構築が追求されている。

第1章　リンゴ農業の与件変化とリンゴ作経営の動向

1．はじめに

　本章の課題は、各種統計を用いて、新自由主義的経済体制、特に小泉政権の「構造改革」に伴うリンゴ農業の与件変化を労働市場と消費市場を中心に整理、把握すること、そして、与件変化を背景としたリンゴ作農家およびリンゴ産地の動向を把握することである。
　リンゴ作農家が存続するには、収入を得ていく必要がある。その収入源は一つにはリンゴ所得を中心とする農業所得であるが、もう一つは序章でも述べたとおり農外所得、つまり兼業収入である。そのため、リンゴ農家が存続するためには、消費市場および労働市場が極めて重要な与件となる。そこで、オイル・ショック後のわが国の経済動向を念頭に置きながら、関連統計を用いて労働市場及び消費市場の展開を整理することが第1の課題である。次に、そのような変化を念頭に、対象とする東北地域の農家経済、リンゴ地帯の農業構造、リンゴ産地の動向を統計的に整理することが第2の課題である。以上のことは、課題、分析視角で記述した認識を統計的に確認する作業ともいえる。

2．新自由主義的経済体制下におけるリンゴ農業の与件変化

1）労働市場の展開

　1973年のオイル・ショックを契機に、わが国経済は高度成長期から低成長期に移行するが、勤勉な労働力を低賃金で酷使する減量経営によって、国際

競争力が向上し、輸出は拡大する（井村 2000）。1980年代にはいると、ME化の成功によって「日本の一人勝ち」ともいわれる状況が生じ、空前の貿易黒字を計上する。ここに至ってその恩恵は一般国民にも行き渡るようになり、分厚い中産階級が形成される。国民の消費生活は量的な満足から質的な満足に移行するようになり、高級品への指向が拡大する（橋本 1995）。企業はより低賃金労働力を求めて地方の隅々まで進出し、都市との絶対的な格差は埋まらないものの、地方の労働市場は拡大する。

1985年にプラザ合意がなされると、1980年代後半から工場の海外移転などが漸進し始める。ただし、1980年代前半に蓄積された過剰資本による過剰投資や中曽根内閣における内需拡大政策により、1980年代後半には国内経済の拡大は最高潮に達する。1990年代に入ると、バブル経済が崩壊し、経済は一気に縮小する。特に国内製造業の後退が著しく、労働力は第２次産業から第３次産業へ移動する。ただし、東北や九州など工業化の程度の低い周辺部では、折からの公共事業の拡大により、労働力が建設業に吸収されることから、第２次産業従事者はむしろ増加する（表1-1）。

1990年代後半になると、平成不況の影響は地方にまで及び始める。そのタ

表1-1　就業人口増減率の推移

単位：％

	第２次産業人口					第３次産業人口				
	1980/1985	1985/1990	1990/1995	1995/2000	2000/2005	1980/1985	1985/1990	1990/1995	1995/2000	2000/2005
北海道	-7	2	4	-8	-18	6	6	7	-0	-1
北東北	0	10	4	-3	-19	2	3	8	3	-0
南東北	7	11	1	-6	-16	5	8	12	3	2
北関東	10	11	-0	-6	-12	10	14	15	5	3
南関東	5	7	-5	-13	-13	13	15	12	4	2
北　陸	4	5	-1	-7	-12	5	6	9	2	2
東　山	9	5	-0	-5	-14	6	9	12	4	2
東　海	6	8	-3	-6	-8	8	11	12	4	4
近　畿	1	5	-2	-11	-13	8	8	9	1	1
山　陰	2	3	-1	-7	-19	3	2	7	4	2
山　陽	-1	4	-2	-10	-11	5	6	9	1	1
四　国	-2	3	-0	-8	-15	4	5	7	1	-0
北九州	-3	7	2	-8	-12	6	6	10	2	2
南九州	0	6	3	-5	-12	5	5	10	4	2
沖　縄	8	1	5	-1	-11	14	13	12	6	3

出所：総務省統計局「国勢調査」

ーニングポイントとなったのは1997年である。この年は、国際的にはアジア通貨危機が発生し、国内的には、山一証券や北海道拓殖銀行の破綻など金融危機が生じている。そのため、政府は1998年から1999年にかけて大型予算を組み、大規模な政策投資を行う（井村 2000）が、一方で国内企業の競争力強化のための諸政策、例えば、企業のリストラを推進し、中小企業を整理する産業政策、持ち株会社の解禁（清 2000）、派遣労働を原則自由とするなどの労働政策（友田 2006）などが準備される。

　2000年以降は、新自由主義的諸政策が強力に施行された。産業構造再編政策により労働力が余剰化させられ、労働法の改正により非正規労働者は労働力の調整弁としての役割を負わされる（友田 2006）。縫製業をはじめとして従来の低賃金業種は大幅に縮小する。また、公共投資も縮小され（図1-1）、地方の主産業である建設業では、倒産が続出する。そして以上のことは所得の世帯階層格差の拡大、低所得世帯層の大幅増加（表1-2）、大都市圏、特に東京と北東北、南九州を代表とする低所得地域との格差の拡大を招いている（表1-3）。主要なリンゴ産地が展開する北東北は地域労働市場が縮小し、失業や不況にあえぐようになる。

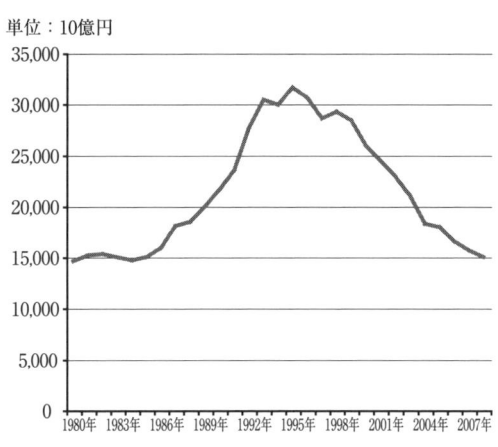

図1-1　一般政府総固定資本形成の推移
出所：国民経済計算確報（2008年度）

表1-2 再分配前所得階層別世帯割合の推移

単位：％

【当初所得階級】	1989年	1992年	1995年	1998年	2001年	2004年
100万円未満	15.2	14.6	15.6	18.9	23.2	28.2
100～200	7.8	7.1	6.3	7.6	8.5	9.1
200～300	9.2	7.7	7.6	6.9	8.0	7.7
300～400	12.1	9.7	9.1	7.7	8.6	8.3
400～500	12.4	10.0	9.3	9.5	9.4	7.6
500～600	10.2	9.0	9.2	9.0	7.6	6.7
600～700	8.5	9.0	8.6	8.0	7.0	5.4
700～800	6.5	7.0	7.5	6.8	5.9	5.0
800～900	4.8	5.5	5.7	5.5	4.8	5.5
900～1000	3.3	4.5	4.8	4.5	3.9	4.1
1,000万円以上	10.1	15.9	16.2	15.5	13.2	12.4

出所：厚生労働省「所得再分配調査」

表1-3 1人当たり県民所得の推移

単位：千円

地域	1990年	1995年	2000年	2001年	2003年
北海道	2,409	2,754	2,673	2,639	2,545
北東北	2,196	2,455	2,488	2,381	2,305
南東北	2,400	2,664	2,730	2,599	2,512
北関東	2,871	3,124	3,092	2,932	2,981
南関東	3,393	3,534	3,520	3,375	3,361
北　陸	2,699	2,938	2,936	2,852	2,870
東　山	2,759	2,897	2,989	2,768	2,694
東　海	3,034	3,234	3,232	3,134	3,160
近　畿	2,860	3,019	2,963	2,814	2,832
山　陰	2,345	2,534	2,631	2,535	2,413
山　陽	2,716	2,941	2,853	2,791	2,766
四　国	2,333	2,623	2,592	2,551	2,514
北九州	2,279	2,553	2,594	2,495	2,486
南九州	2,122	2,326	2,442	2,375	2,336
東京都	4,139	4,149	4,316	4,198	4,267

注：「南関東」のデータには「東京都」が含まれている。
出所：内閣府「県民経済計算」

2）消費市場の展開

　そもそも個人の専門商店が主であったわが国の商業であるが、高度成長期に入ると、国民所得の向上とともに、百貨店やスーパーマーケットなどの業態が進展する。百貨店は高級品を取り扱う小売業として、古くからある業態であるが、都市部の中産階級の成長により、それを基盤として大きく成長する（齋藤 2007）。消費が成熟して高級化が志向された1980年代では、その成長が最高に達する。一方、スーパーマーケットも高度成長期に百貨店以上に

第1章　リンゴ農業の与件変化とリンゴ作経営の動向　25

表1-4　年間商品販売額増減率の推移

単位：％

	1988/1991	1991/1994	1994/1997	1997/1999	1999/2002	2002/2004	2004/2007
北海道	19	-5	2	-7	-9	-3	-10
北東北	16	6	3	-5	-15	-3	-6
南東北	26	-2	-4	-8	-12	-5	-1
北関東	27	-9	3	-2	-13	3	6
南関東	32	-9	-12	17	-13	-1	4
北陸	22	-3	1	-9	-15	-1	-1
東山	22	-3	-5	-2	-12	-5	-3
東海	28	-10	2	-10	-18	-2	5
近畿	23	-10	-4	-6	-17	-3	2
山陰	14	-2	7	-9	-10	-3	-11
山陽	29	-9	-3	-0	-13	-3	-2
北九州	23	0	6	-5	-16	-1	0
南九州	24	-2	0	-2	-10	-2	-4
全国	27	-8	-5	2	-14	-2	2

出所：経済産業省「商業統計」

進展する（安土 1987）。総合スーパー[1]という店舗形態を打ち出し、地方を中心にチェーン展開するようになる。それにより、チェーンスーパーの成長は加速したが、総合スーパーと競合する形となった地方百貨店では経営破綻も生じるようになる。しかし、全体としては消費市場が拡大する過程にあり、百貨店とチェーンスーパーは都市と地方で棲み分けつつともに進展する。1990年代のバブル崩壊では、特に都市部の消費減退が大きく（表1-4）、都市部を基盤とする百貨店の成長はマイナスに転じる。しかし、地方ではなお消費市場が拡大する地域も多く、チェーンスーパーはさらに拡大を遂げている。

　ところが「構造改革」が推し進められる2000年代にはいると、中産階級が減少し、所得下層の厚みが大きく増すこと（表1-2）、地方経済が後退していることなどから消費市場はどの地域においても下降局面に転じる（表1-4）。そのため、百貨店、チェーンスーパーいずれも成長はマイナスとなる。競争は生存競争の性格を強くすることとなるが、それを助長したのが、大規模店舗法廃止と独占禁止法の改正（持ち株会社規制の緩和）である。大規模店舗法の廃止により、チェーンスーパーは従来の総合スーパーより大型のSC（Shopping Center）などの店舗形態を打ち出し、特に地方のロードサイド

に展開させていくが、同時に総合スーパーの閉鎖といった店舗のスクラップアンドビルドが進められることになる[2]。その過程で、いくつかの大規模チェーンスーパーは破綻し、大規模百貨店においても破綻するものが現れる。一方、生き残ったチェーンスーパーは、破綻したチェーンスーパー、百貨店を持ち株により傘下においている（真部 2007）。また、中小チェーンスーパーの系列化も進めている。その結果、小売業は巨大化している。ただし、小売業は巨大化したといっても寡占度は欧米に比べて低い（梛野 2007）。しかし、卸売業者、仲卸業者は小売業者よりもはるかに取り扱い規模が小さく、産地はさらに小さい。消費が頭打ちでデフレ傾向が強い中で、その相対的力関係から、小売業は川上の収益を圧縮する形で自らの収益を確保することになり、青果物取引の規制緩和などを背景に中間業者の中抜きなどの動きも活発化している。

3．リンゴ作農家の動向

1）農家経済の展開

　格差を伴う経済縮小の中で、農家経済はどのような動きを見せているのだろうか。その統計である農家経済調査報告（1995年より農業経営動向統計）は、1992年から販売農家に限定して集計されることとなった。ここでは、1992年以降のデータを主として検討対象とするが、1980年～1991年のデータも比較のために使用する。

　1980年代は、全国的に農業所得、農外所得、家計費いずれも上昇局面にある。これに対して、1992年以降は停滞、あるいは下降局面に直面している（図1－2）。まず、世帯員一人当たり農業所得は1994年を最高年とし、その後は減少傾向にある。世帯員一人当たり農外所得は、1992年から停滞しており、1997年頃から減少傾向になる。農業所得、農外所得に年金・被贈等の収入を合わせた一人当たり農家総所得は1990年代中盤から微減となった。これに対して一人当たり家計費は1992年以降停滞していたが、1997年以降減少傾向に

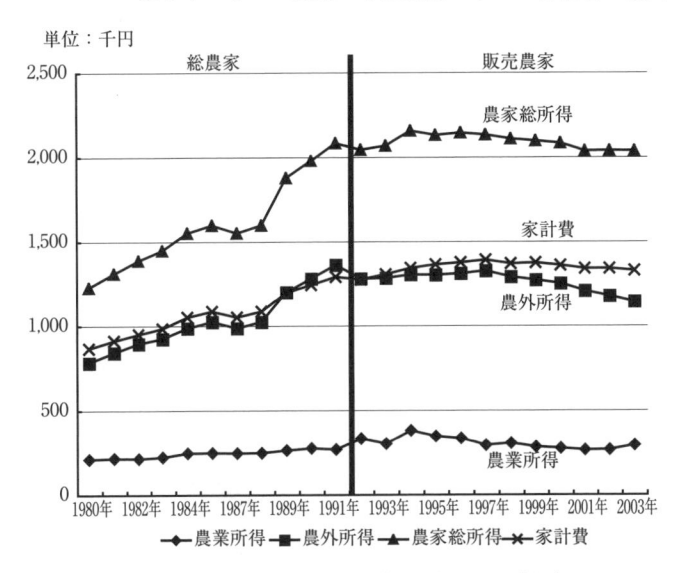

図1-2　農家経済の推移（一人当たり、全国）
出所：農林水産省「農家経済調査報告」、「農業経営動向統計」

あり、生活を切りつめている様子が窺える。農家経済の側面からの農業構造変動の指標である、農外所得による家計費充足率（Nonaka 2009）は、1992年以降低落傾向にあるが、2000年以降は加速している（図1-3）。

　これらを東北について検討する。まず一人当たり農業所得であるが、地域別では中位に位置し、全国と同様に1994年以降減少傾向にある（図1-4）。一人当たり農外所得は1992年ではすでに頭打ちで、1997年以降減少局面にはいる（図1-5）。北陸、関東・東山なども似たような動きを示すが、東北は落ち込みが著しく、四国、九州とともに最下層を形成している。一人当たり家計費は、九州とともに最下層を形成するが、1994年頃には頭打ちとなり停滞している（図1-6）。農外所得による家計費充足率は1992年には93％あり、その後も90％台で推移していたが、1997年以降、低落し、2003年には80％まで落ち込んでいる（図1-3）。

　以上のように、1992年以降の農家経済は全国的に後退局面に入っており、1997年以降は加速的に悪化している。これは、バブル経済崩壊以降の平成不

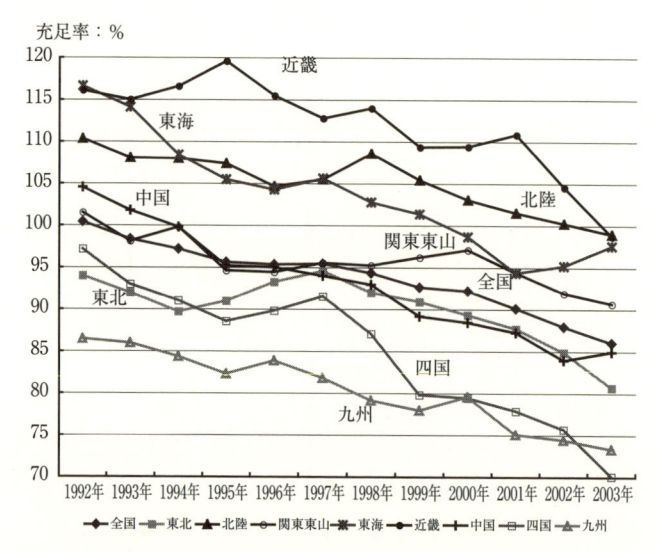

図1-3 農外所得による家計費充足率の推移
出所:農林水産省「農家経済調査報告」、「農業経営動向統計」

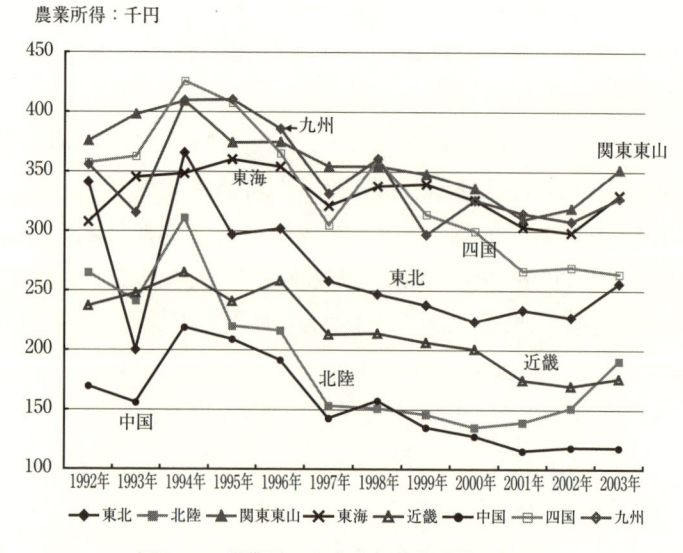

図1-4 世帯員一人当たり農業所得の推移
出所:農林水産省「農家経済調査報告」、「農業経営動向統計」

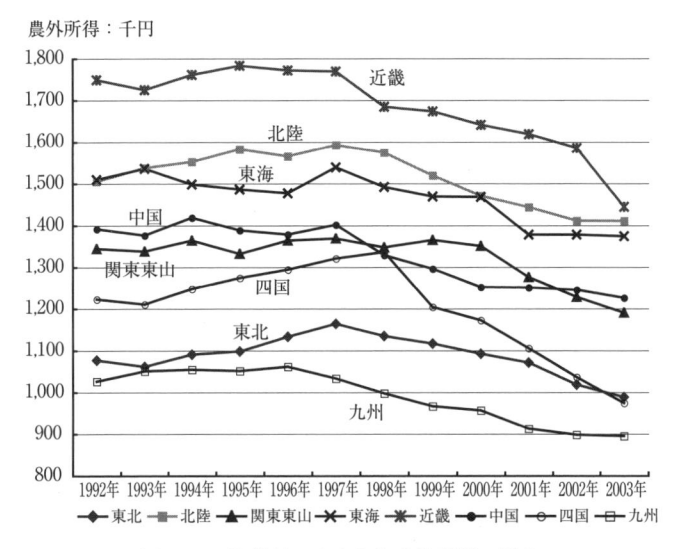

第1章　リンゴ農業の与件変化とリンゴ作経営の動向　29

図1-5　世帯員一人当たり農外所得の推移
出所：農林水産省「農家経済調査報告」、「農業経営動向統計」

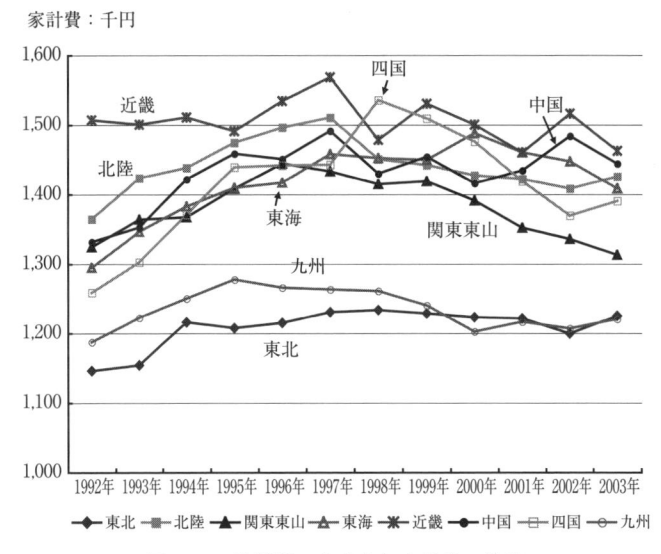

図1-6　世帯員一人当たり家計費の推移
出所：農林水産省「農家経済調査報告」、「農業経営動向統計」

況、1997年以降については金融危機以降の雇用情勢の悪化が影響していると思われる。東北は、一人当たり家計費が最低水準にもかかわらず、農外所得による家計費充足率は低下しており、農業所得の必要性が高くなっていることが窺える。しかし、農業所得も下落傾向にあり、この下落傾向が続けば、家計費の切り下げなどの傾向が一層出現すると思われる。

2) リンゴ所得及び生産性

次に2004年より開始した営農類型別経営統計を用いて、リンゴ作の経済性及び所得を検討する（表1-5）。まず、部門所得であるが1,571千円～1,766千円である。部門家族労働1時間当たり所得は657～747円程度である。規模別には部門1時間当たり所得、10a当たり部門所得について、各年度とも大規模になるほど増大している。10a当たりリンゴ生産量、10a当たり粗収益、10kg当たりリンゴ価格などは1ha未満の小規模階層の方が大規模層よりも高いが、労働生産性は大規模経営の方が高いといえよう。

農家経済から所得水準を検討すると、リンゴの主生産地帯である東北および東山地域の販売農家平均家計費それぞれ428万円、420万円（2004年から2007年までの平均、営農類型別経営統計）に対して、それに達しているのは3.0ha以上層のみである。したがって、専業農家は3.0ha以上層でなければ成立しないことになる。それ以下の階層は、兼業収入など他の何らかの収入がなければ農家経済を維持できない。一方、部門家族労働1時間当たり所得の水準であるが、3.0ha以上層においても889円～1,191円と、東北地域の男子軽作業員賃金（1時間当たり1,095円、2004年度屋外労働者職種別賃金調査、厚生労働省）程度か、それをやや下回る水準である。こうしたことから、生産性では大規模化した方が有利ではあるが、農外就業と比較した場合、すすんで専業化するには、はなはだ弱い水準にあるといえよう。

3) リンゴ地帯の農業構造

農家数は全国的に減少している。しかし、この間明らかになってきたのは、

表1-5 リンゴ作経営の規模別所得および生産性

	リンゴ作経営規模		平均	0.5ha未満	0.5～1.0	1.0～2.0	2.0～3.0	3.0ha以上
2004年度	経営全体	部門所得（千円）	1,762	509	1,488	2,446	3,419	6,580
		家族労働1時間当たり部門所得（円）	739	483	703	754	736	1,191
		労働1時間当たり部門所得（円）	747	496	731	763	742	1,060
	10a当たり	部門労働時間（時間）	260	360	291	252	229	209
		りんご生産量（kg）	1,975	2,001	2,191	2,000	1,774	1,885
		部門所得（千円）	171	170	188	170	143	193
		部門粗収益（千円）	382	404	444	367	338	373
		10kg当たり価格（円）	193	202	203	184	191	198
2005年度	経営全体	部門所得（千円）	1,571	352	1,473	2,282	2,997	4,886
		家族労働1時間当たり部門所得（円）	639	324	637	703	673	889
		労働1時間当たり部門所得（円）	657	348	663	711	692	816
	10a当たり	部門労働時間（時間）	276	396	326	260	234	218
		りんご生産量（kg）	2,174	2,234	2,429	2,157	2,027	1,971
		部門所得（千円）	154	121	196	160	126	143
		部門粗収益（千円）	384	420	451	382	326	349
		10kg当たり価格（円）	177	188	186	177	161	177
2006年度	経営全体	部門所得（千円）	1,748	491	1,532	2,332	3,648	6,368
		家族労働1時間当たり部門所得（円）	732	505	663	702	822	1,150
		労働1時間当たり部門所得（円）	736	516	677	715	814	1,018
	10a当たり	部門労働時間（時間）	274	361	329	271	231	219
		りんご生産量（kg）	2,230	2,153	2,453	2,220	2,086	2,235
		部門所得（千円）	173	169	202	164	154	185
		部門粗収益（千円）	405	429	454	418	354	382
		10kg当たり価格（円）	182	199	185	188	170	171
2007年度	経営全体	部門所得（千円）	1,766	456	1338	2,597	4,108	5,056
		家族労働1時間当たり部門所得（円）	744	544	627	763	886	906
		労働1時間当たり部門所得（円）	741	559	643	762	849	858
	10a当たり	部門労働時間（時間）	274	340	318	281	233	224
		りんご生産量（kg）	2,316	2,106	2,451	2,391	2,242	2,218
		部門所得（千円）	173	163	181	186	170	146
		部門粗収益（千円）	409	430	456	412	368	388
		10kg当たり価格（円）	177	204	186	172	164	175
2008年度	経営全体	部門所得（千円）	1,189	119	352	1747	2,056	2,656
		家族労働1時間当たり部門所得（円）	512	198	181	666	548	648
		労働1時間当たり部門所得（円）	430	182	163	553	471	469
	10a当たり	部門労働時間（時間）	255	334	352	278	209	181
		りんご生産量（kg）	2,219	2,025	2,286	2,408	2,087	2,002
		部門所得（千円）	109	61	57	154	98	85
		部門粗収益（千円）	352	366	343	423	286	299
		10kg当たり価格（円）	158	181	150	176	137	150

注：2008年は自然災害（雹害等）が生じた年である。
出所：農林水産省「営農類型別経営統計」

兼業農家の減少と専業農家の増加という傾向である（表1-6）。兼業農家では、世帯主恒常的勤務第2種兼業農家も著しく減少しているが、臨時雇・出稼ぎという不安定兼業の第2種兼業農家はほぼ解体してきている。それは不安定兼業地帯といわれた東北地域においても同様である。しかし、この傾向は地

表1-6 専兼別農家動向

単位：戸，％

		実数				増減率			販売農家に対する割合			
		1990年	1995年	2000年	2005年	1995/1990年	2000/1995年	2005/2000年	1990年	1995年	2000年	2005年
販売農家	全国	3,834,732	3,443,550	2,336,909	1,963,424	-10	-32	-16	100	100	100	100
	東北	607,433	555,706	425,622	370,786	-9	-23	-13	100	100	100	100
	青森	87,996	78,592	59,996	50,790	-11	-24	-15	100	100	100	100
	岩手	107,952	100,271	75,936	67,330	-7	-24	-11	100	100	100	100
専業農家	全国	591,551	550,589	426,355	443,158	-7	-23	4	15	16	18	23
	東北	59,206	55,462	48,814	56,393	-6	-12	16	10	10	11	15
	青森	12,422	11,761	10,451	11,787	-5	-11	13	14	15	17	23
	岩手	11,584	10,979	9,126	10,900	-5	-17	19	11	11	12	16
男子生産年齢のいる専業農家	全国	340,880	256,738	199,765	186,696	-25	-22	-7	9	7	9	10
	東北	36,840	28,282	23,290	24,213	-23	-18	4	6	5	5	7
	青森	8,512	7,046	5,637	5,974	-17	-20	6	10	9	9	12
	岩手	6,356	4,638	3,672	4,016	-27	-21	9	6	5	5	6
第一種兼業農家	全国	531,072	514,123	349,685	308,319	-3	-32	-12	14	15	15	16
	東北	117,932	113,031	77,445	69,469	-4	-31	-10	19	20	18	19
	青森	20,949	22,529	16,913	14,431	8	-25	-15	24	29	28	28
	岩手	20,263	19,134	12,264	11,057	-6	-36	-10	19	19	16	16
世帯主恒常的勤務2兼農家	全国	1,479,731	1,377,780	707,887	537,909	-7	-49	-24	39	40	30	27
	東北	195,821	209,553	138,584	112,735	7	-34	-19	32	38	33	30
	青森	18,174	18,396	12,252	9,763	1	-72	-20	21	23	20	19
	岩手	34,794	37,620	27,159	22,399	8	-61	-18	32	38	36	33
世帯主出稼ぎ・臨時雇2兼農家	全国	282,164	169,710	88,335	56,111	-40	-48	-36	7	5	4	3
	東北	79,412	49,667	25,460	15,802	-37	-49	-38	13	9	6	4
	青森	17,000	9,413	4,534	2,265	-45	-52	-50	19	12	8	4
	岩手	14,853	9,547	4,748	3,201	-36	-50	-33	14	10	6	5
世帯主農業主農家	全国	1,343,596	1,205,402	1,051,052	1,035,024	-10	-13	-2	35	35	45	53
	東北	206,021	183,026	166,434	169,600	-11	-9	2	34	33	39	46
	青森	30,941	36,585	31,860	30,157	18	-13	-5	35	47	53	59
	岩手	38,482	33,873	29,853	30,754	-12	-12	3	36	34	39	46

出所：農業センサス

域労働市場の展開によって滞留条件が解消されてきた結果生じたと考えることはできない。上述のように、東北の地域労働市場は縮小下にあることから、農外から退出を余儀なくされた労働力が農業に専従回帰していると捉えるべきであろう。

　リンゴ作経営は、1990年以降、減少を続けている。しかも増減分岐点が1990年に1～1.5ha、1995年に1.5～2ha、2000年には2.0ha以上と上昇し続け、2005年には、農業センサスの規模分類では全層落層となる（表1-7）。また、階層別リンゴ面積も下層農家の減少を上層農家がほとんど吸収できずに大幅減少が続いているが、2005年では全階層で減少となっている（表1-8）。

　以上のことから、東北などでは農外労働市場の縮小に伴う農外所得の減少により農家経済が悪化しており、その中で農業への回帰が進行しているよう

表1-7　規模別リンゴ農家数の推移

単位：戸

		全国	北海道	青森	岩手	宮城	秋田	山形	福島	長野
1995/1990年	0.1ha未満	235	0	-188	-69	18	-25	-61	20	-146
	0.1～0.3ha	-2,216	-7	-737	-240	-15	-158	-285	-167	-1,002
	0.3～0.5ha	-2,027	-5	-507	-169	-45	-106	-293	-198	-625
	0.5～1ha	-2,235	-19	-754	-82	-20	-15	-85	-262	-718
	1～1.5ha	-492	-10	-227	-32	9	39	101	-58	-244
	1.5～2ha	16	-42	14	-1	8	29	37	-31	36
	2ha以上	173	-64	159	21	-10	12	44	13	38
	合計	-6,546	-147	-2,240	-572	-55	-224	-542	-683	-2,661
2000/1995年	0.1ha未満	-4,340	-5	-352	-425	-91	-169	-123	-187	-1,114
	0.1～0.3ha	-5,454	-19	-734	-479	-105	-324	-430	-318	-1,623
	0.3～0.5ha	-2,694	-9	-627	-144	-37	-98	-271	-230	-818
	0.5～1ha	-3,561	-12	-884	-249	-32	-195	-350	-281	-1,082
	1～1.5ha	-1,380	-24	-463	-58	-11	-60	-118	-142	-340
	1.5～2ha	-334	-14	-182	-6	-6	-33	-14	-13	-39
	2ha以上	137	-65	147	1	-3	-1	41	24	46
	合計	-17,626	-148	-3,095	-1,360	-285	-880	-1,265	-1,147	-4,970
2005/2000年	0.1ha未満	-213	2	-101	-8	-6	-21	-146	-8	-51
	0.1～0.3ha	-2,673	-5	-576	-284	-44	-177	-320	-146	-990
	0.3～0.5ha	-2,289	-13	-568	-150	-13	-178	-274	-143	-792
	0.5～1ha	-2,466	-22	-751	-101	-26	-165	-270	-221	-754
	1～1.5ha	-1,020	-9	-392	-74	-6	-47	-113	-72	-259
	1.5～2ha	-339	-4	-172	-30	0	5	-7	-30	-63
	2ha以上	-171	-51	-38	-6	1	-27	-15	-27	-2
	合計	-9,171	-102	-2,598	-653	-94	-610	-1,145	-647	-2,911

出所：農業センサス

表1-8 規模階層別リンゴ栽培面積の推移

単位：ha

		全国	北海道	青森	岩手	宮城	秋田	山形	福島	長野
1995/1990年	0.1ha未満	-20	0	-10	-4	0	-2	-3	0	-12
	0.1～0.3ha	-463	-1	-129	-41	-4	-27	-43	-25	-188
	0.3～0.5ha	-677	-1	-200	-57	-17	-38	-76	-46	-214
	0.5～1ha	-1,411	-12	-537	-58	-11	-22	-91	-120	-484
	1～1.5ha	-652	-10	-272	-33	10	40	-18	-76	-297
	1.5～2ha	-47	-48	-9	0	8	48	-8	-65	-3
	2ha以上	432	-138	459	30	-17	16	16	8	73
	合計	-2,838	-208	-701	-162	-30	15	-224	-325	-1,124
2000/1995年	0.1ha未満	-141	0	-17	-18	-4	-7	-4	-6	-40
	0.1～0.3ha	-574	-1	-124	-70	-13	-54	-43	-38	-229
	0.3～0.5ha	-756	-3	-216	-47	-10	-33	-58	-52	-265
	0.5～1ha	-1,885	-11	-602	-150	-15	-110	-174	-129	-597
	1～1.5ha	-1,351	-25	-530	-51	-12	-74	-148	-118	-342
	1.5～2ha	-645	-21	-298	-12	-2	-62	-68	-50	-113
	2ha以上	296	-167	392	46	-10	-8	-17	-8	66
	合計	-5,057	-231	-1,392	-301	-66	-348	-511	-402	-1,522
2005/2000年	0.1ha未満	-25	0	-6	-1	0	-2	-7	-2	-6
	0.1～0.3ha	-514	-1	-88	-42	-8	-26	-34	-23	-156
	0.3～0.5ha	-661	-3	-192	-48	-3	-51	-54	-35	-228
	0.5～1ha	-1,319	-9	-476	-51	-15	-111	-120	-89	-369
	1～1.5ha	-989	-10	-412	-78	-10	-47	-96	-48	-234
	1.5～2ha	-469	-3	-236	-48	-1	7	-50	-24	-94
	2ha以上	-329	-100	-48	-5	-1	-64	-53	-55	-1
	合計	-4,302	-125	-1,459	-274	-39	-294	-415	-274	-1,087

出所：農業センサス

に見受けられる。しかし、リンゴについては、一定の大規模層優位の構造が見られるものの、大規模層を含めて収益力が弱く、全層落層を招いているという状況である。

4．リンゴ産地の動向

第2次大戦後の復興期において、リンゴ栽培面積も大きく拡大する（図1-7）。この時期、青森県などにおいても拡大するが、それよりも顕著な拡大を見せたのは、長野県、山形県、福島県などの桑園からの転換を背景とする拡大である（豊田 1990）。しかし、1960年代にはいると、リンゴは果樹の中ではいち早く過剰局面を迎える。特に1968年の国光・紅玉価格の暴落では、

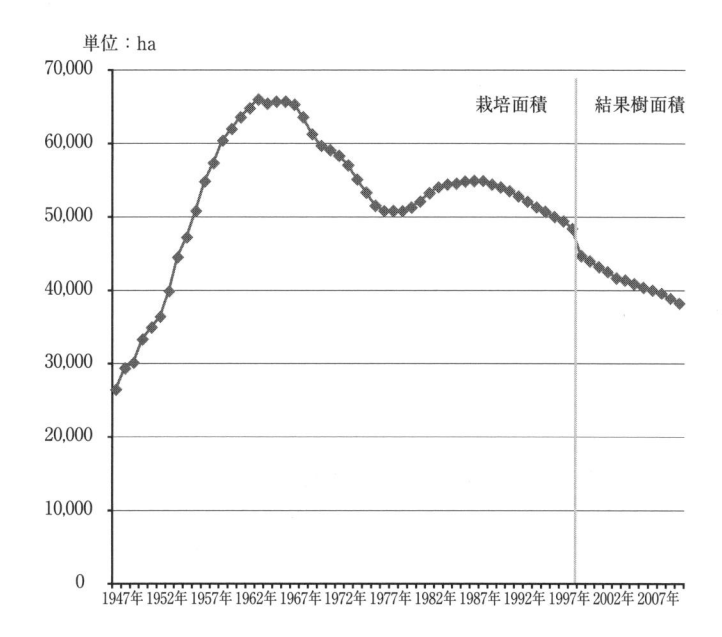

図1-7 リンゴ栽培の展開過程
出所：農林水産省「果実生産出荷統計」

青森県の農家が売れないリンゴを山や川に廃棄したことから、「山川市場」として大きな問題となる。そしてこの後、1970年代までリンゴ栽培面積は減少する。この時期、栽培面積を減少させるのは、長野県、山形県など、戦後の拡大期に大きく拡大した新興産地である。

　1980年代になると、リンゴの栽培面積は再拡大する。1980年代では国民所得の向上とともに市場が成熟化し、高級品としてのリンゴの需要が拡大する。リンゴ価格も上昇し、既存のリンゴ産地では生産意欲が高まり、リンゴ面積が拡大するのである。同時に、無袋栽培やわい化栽培など新技術を基盤として新興産地が形成される。既存の大産地では出荷時期の拡大をねらって、糖度は下がるが貯蔵性を高めることができる有袋栽培を実施している。それに対し、この時期の新興産地は、新たに糖度をはじめとする内部品質の向上を掲げて、高級銘柄産地となることに成功する[3]。

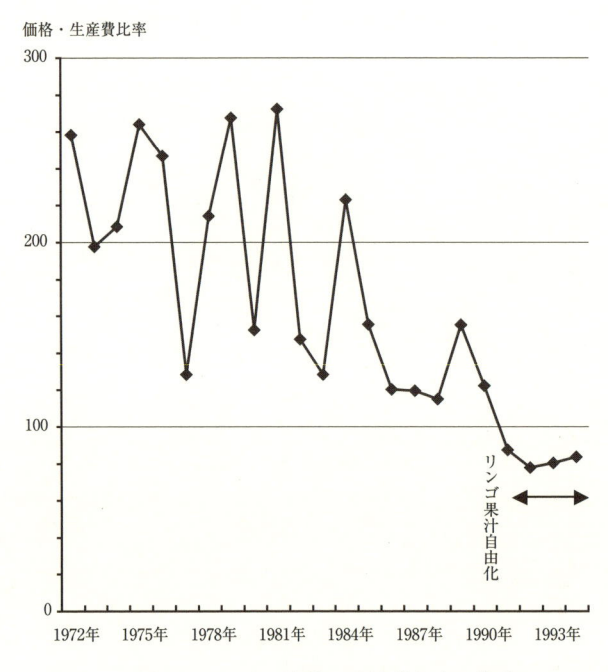

図1-8　ふじの価格・生産費比率の推移

注：価格・生産費比率とは実質的な価格水準を見るための指標で、生産者価格を生産費用（物財費＋労働費）で除したものである。それゆえ、100を超えれば最低限費用をまかなう価格が得られていることを示す（豊田1990）。
出所：農林水産省「果実生産費」各年版

　1990年代になると、都市部の消費減退から百貨店の成長がマイナスに転じ、高級品市場が頭打ちとなる。そのため、後発産地が新たに高級品市場へ参入することは困難となる。また、1990年には果汁が自由化され、加工向け果実が担っていた需給調整機能が損なわれ、スソモノと呼ばれる下位等階級品、ハジキモノと呼ばれる格外品の販売が困難になり、価格は低迷する[4]。その結果、1991年以降、青森県のリンゴ生産における価格・生産費比率は主力のふじにおいても100を割り、リンゴ農家は適正な労賃を得ることもままならない状況に陥る（図1-8）。
　一方、1980年代に勃興した高級銘柄産地は、光センサー選果機の普及を背

景に、わい化栽培の間・縮伐および疎植化、わい化樹形のフリースピンドル化および低樹高化、葉とらず栽培など次々新技術を投入して銘柄の維持を図っている[5]。こうしたことから、かかる銘柄産地では価格が向上する。この点は新興産地が減少する1970年代と異なっている。

2000年代に入るとさらに状況が一変する。リンゴ市場においては本格的に量販店の時代となる。一般にはそれ以前より、小売業が青果物流通システムを主導したと指摘されるが、リンゴ市場では2000年以前はそのような動きは乏しい。ところが、2000年以降の量販店の巨大化・寡占化に歩調を合わせるように、リンゴ産地と量販店の契約取引や予約相対取引の動きが本格化し、それも出荷規模差、地域差を伴って生じている。特に、巨大小売店に対して、数量を揃えて出荷できる青森県の有利性が目立ってきている。

5．まとめ

新自由主義的経済体制のもとで労働市場や消費市場が変化し、それにより、リンゴ作農家、リンゴ産地に影響が生じていることを統計で確認した。すなわち、産業構造再編政策や労働市場自由化政策は、所得階層格差、地域間経済格差を生じさせている。所得階層格差は消費市場の縮小、特に高級品市場の縮小をもたらすとともに、流通緩和政策や独禁法緩和政策により、小売量販店が巨大化するに至っている。

労働市場の変容は、農業構造に対して多大な影響をもたらしている。第2種兼業農家は減少しているが、その中の世帯主不安定兼業農家はほとんど消滅に向かっている。従来、不安定就業地域とされた東北地域においても同様である。一方、専業農家、あるいは世帯主が農業専従的である農家は東北などを中心に実数で増加している。農家割合でみるとこのような農家の比重は著しく高まっている。

しかしながら、農家経済データをみると、そこに積極的に農業に回帰する理由は見あたらない。農業所得は減少傾向であり、農外所得も減少しており、

農家経済は総じて縮小傾向にある。その中で従来は右肩あがりが想定されていた家計費も停滞、あるいは減少しているなどという状況が1990年代後半以降顕著となっている。特に、東北など、農外所得で家計費を賄えないがゆえに低賃金地帯とされた地域において、1990年中盤ぐらいまでは上昇していた農外所得による家計費充足率が、1990年代後半以降、顕著に低下している。東北は家計費水準が全国最低レベルにもかかわらず充足率が低下しているのである。つまり、東北など地域労働市場の展開が未熟であった地域では、地域労働市場の展開の中で農外に労働力が吸引され、残った農家が大規模化・企業化するといういわゆる農民層分解が進行しているのではなく、地域労働市場の縮小の中で農外から労働力が排出されて専業的農家として滞留するという様子が読み取れよう。東北など地域労働市場の展開が未熟な地域では、農業の進展が、農民のみならず、地域の死活問題となるのである。

　この中でリンゴ作であるが、5年おきの農業センサス調査ごとに農民層の増減分岐点が上昇している。それが2005年には全層落層という事態となる。この背景には、果汁自由化をはじめとする国内リンゴ市場自由化、高級品を中心とするリンゴ消費市場の縮小、さらに青果物流通における川下から川上への影響力の強化などによるリンゴ価格の低下、および収益性の低下があげられる。リンゴ作経営の収支状況をみると、一定の規模の経済は確認できるものの、上層でも農外賃金に対して十分な農業報酬を得ているとはいえない。

　消費市場の変容は、産地間競争に影響を与えている。消費が成熟して高級品指向が強くなる1980年代は、きめ細かな産地管理が可能な小産地が果樹市場で優位な状況にあった。しかし、1990年代後半からの消費市場の縮小局面における小売量販店間競争の激化、それを通じた量販店の巨大化は、リンゴの産地間競争条件に変化を与えている。

　以上のような状況に対して、次のことが課題としてあげられる。

　今後の農民層の動向である。リンゴは全層落層であるが、東北地域における専業的、専従的農家増加傾向の中で、リンゴ農家存続の積極的な側面はないかという点である。さらには、各階層においてリンゴ営農における積極面

はないかという点である。

　次に、全層落層傾向により、下層農家の農地を上層農家が吸収することを見込めない状況から、産地を極力維持していくためには、下層農家も含めて離脱を防止するとともに、新規就農、新規参入を促進していかねばならない。それには、階層ごとに存続条件を検討する必要があるが、全階層的な対策となれば、集団的な対応が重要となる。リンゴ作においても共同防除組織、剪定集団などの組織的対応があるが、リンゴ農業維持のためにこれらがいかに機能を発揮するか検討することが課題である。

　最後に、市場環境が悪化する中で、いかに産地を構築していくかである。小売量販店が巨大化し、交渉力が増大する中で、青果物流通における小売量販店の主導性は強化されている。その中で、産地は小売量販店の従属的な地位に甘んじる傾向を持つこととなる。このような状況にいかに対抗していくかが問われる。しかしながら、高級品市場の縮小の中で、従来のような高級品指向型産地を目指すことは困難である。製品戦略、チャネル戦略など産地の取り得る販売戦略を駆使した新たな取り組みがまさに求められる。しかもそれは弱体化する生産構造において実現されなければならない。その中で新しい取り組みに対応しうる拠点を析出しながら、同時に産地を支える仕組みを検討することが大きな課題である。

注
1）安土（1987）はこのような総合スーパーを「ビッグストア」と呼び、その性格は百貨店に近いものであるとしている。
2）これに対して、空洞化した中心市街地を活性化させるために、いわゆる「中心市街地活性化法」が2006年に改正されている。また同時に都市計画法も改正され、郊外への大規模商業施設の出店に制限が加えられた。
3）この典型が、岩手県江刺、長野県あずみ、山形県朝日の各産地である。
4）宇野（2009）は、果汁自由化以降、リンゴ農家にとって重要な所得源であった果汁用価格が下落傾向にあり、1997年から2003年までは特に価格が低迷していること、加工用リンゴが生果市場に振り向けられることによって、生果市場も価格が低迷していることを指摘している。
5）いち早くわい化栽培を普及させた江刺リンゴ産地では、従来のスレンダース

ピンドル高密植タイプのわい化栽培の品質低下が経年とともに問題となり、間伐・縮伐および樹形改善を経てフリースピンドル半密植タイプのわい化栽培に移行している。

第2章　津軽リンゴ地帯におけるリンゴ作農家の階層分化の実態

1．課題と対象地域

1）課題と背景

　1971年のドルショック以降、企業はコスト削減のため、ME化を進めると同時に、低賃金労働力を求めて農村進出を進めていくが、1980年代は、その成功により国際競争力を高めた企業がさらに農村進出を強め、またプラザ合意後もバブル経済を背景として内需拡大したことにより、ほぼ一貫して地域労働市場が展開した。これに対して、農家に求められたのはまさに低賃金労働力であったため、農家は恒常的勤務化が進みながらも、賃金水準は「切り売り労賃」と指摘される低賃金におかれ、兼業農家が広範に滞留したとされる[1]。東北、ことに北東北は、地域労働市場の展開が最も遅れ、かつ「切り売り」的な不安定兼業形態が一般的であった地域である（青木1985）。

　このような1980年代までの状況に対して、バブルが崩壊した1990年代以降、「平成不況」が顕在化する（田代 2003）。企業は、グローバリゼーションへの対応として、低賃金労働力を求めて生産拠点を海外に移転させているが、抗しきれない企業の倒産も増加している。さらに、1996年以降の新自由主義的な産業構造再編政策により、中小企業、下請け企業の整理淘汰が進められている[2]。こうしたことは、低賃金労働市場の縮小を意味することから、労働市場の底辺部を担ってきた北東北地域の農家の雇用および地域経済に与える影響は、いまなお大きいと考える。東北の農業構造の近畿への接近が指摘されている（田畑 2004など）が、産業構造に大きな格差があることを考慮すれば、地域労働市場構造から確認されなければならない。

　ところで、地域労働市場の展開程度、主作目の違いなどにより東北内部に

も地域差があるが、その中でも津軽地域は地域労働市場の展開が遅れ、かつ農民層が滞留しやすい労働集約的な作目地帯である。津軽地域は、低賃金構造にある地域労働市場条件とリンゴ作が集約的な商品生産であることを背景に、農業専従的な農民層が維持されてきた地域である。高度成長期以前には、農地所有とそれに規定された家制度から生じるリンゴ農家の階層性が指摘されている（磯辺 1954）。これに対して、農村工業化が進行する1980年代では、津軽地域の主要なリンゴ地帯である水稲・リンゴ複合地帯において、同質的な農家の展開が指摘されている。すなわち第1種兼業形態を主とする就業形態、1.5ha程度の経営規模、水稲・リンゴの営農類型を特徴とする同質的農家集団である。さらに共同防除組織、集団的土地利用調整組織などの集落組織が農家を補完することによって各農家は平準的な生産力を形成し、さらに農協支所が調整面で組織の運営を支援するという津軽リンゴの産地組織像が描かれた（豊田 1982）。また、東北農業という視点においても、1980年代のリンゴ価格上昇を背景に、水稲・リンゴの複合農業は発展方向の一つとして重視されていた（佐藤他 1991）。しかしながら、リンゴ市場の自由化によりリンゴ価格は下落し、それに伴いリンゴ収益も減少しており（神田 2000、宇野 2003）、同質的農家集団成立の前提条件は変化していると考えられる。

　以上から本章では、津軽地域の水稲・リンゴ複合地帯を対象とした農家調査から、第1に新自由主義的経済体制下の低賃金地帯における地域労働市場構造の特質を明らかにすること、第2に農村工業化が進行した時期には同質的農家集団として成立し、平準的な生産力を形成してきた低賃金地帯のリンゴ農家集団が、新自由主義的経済体制下でいかなる階層性を生じさせているのか、就業構造、作業組織、農地の売買・貸借の動向、技術構造の点から明らかにし、展開方向を示すこと、第3に上記をふまえて、リンゴ産地の再編課題を提示することの3点を課題とする。調査対象地は、上述の産地組織像が描かれる根拠となった青森県黒石市浅瀬石地区とした。

2) 青森県黒石市の概況

　黒石市は津軽リンゴ地帯の一角にある。主力農産物は米とリンゴで、町の中央を流れる浅瀬石川下流では稲作経営、上流ではリンゴ作経営、中流では水稲・リンゴ複合経営が展開する。果樹面積規模では、大規模層が増加しているものの、1ha未満の小規模農家が大多数を占める状況は変わっていない（表2−1）。青森県一般に比べるとやや2.0ha以上層が少ないものの、中層に厚みがあることは変わらない。

　当市は出稼ぎ地帯と位置づけられた地域である（佐藤ら 1991）が、主要な出稼ぎ先産業であった建設業の不振により、出稼ぎ労働者は急激に減少している（図2−1）。事業所・企業統計調査報告によると、黒石市の事業所数および従業者数は、1991年から1996年にかけては製造業のみが減少しているが、1996年から2001年にかけては、製造業以外に建設業、卸売・小売業、飲食店、金融・保険業、不動産業、サービス業などの業種で急減している（表

表2−1　黒石市の農業概況

単位：戸、％

指標		1990年	1995年	2000年		
				浅瀬石	黒石市	青森県
総農家数		3,009	2,740	408	2,517	70,301
販売農家数		2,621	2,375	339	2,166	59,996
専業農家率		10.8	10.4	13.9	13.7	17.4
1兼農家率		31.2	29.2	24.5	29.5	28.2
恒常的勤務2兼農家率		18.2	20.2	15.0	20.3	20.4
日雇出稼ぎ2兼農家率		15.7	6.2	2.9	4.6	8.1
世帯主農業主の農家率		36.1	46.5	61.7	55.5	53.1
65歳未満男子専従者のいる農家率		22.5	42.4	50.7	46.6	44.3
60歳未満男子専従者のいる農家率		20.3	25.4	26.5	27.2	25.3
稲作単一経営割合		36.8	38.9	20.4	35.8	44.7
果樹単一経営割合		28.5	27.3	45.4	33.3	18.5
果樹準単一経営割合		18.9	20.7	21.2	17.7	8.6
稲果樹準単一経営割合		8.1	8.3	5.6	5.2	3.5
果樹面積規模別農家率	0.1ha	2.7	2.1	1.1	2.2	2.4
	0.1〜0.3	17.3	15.8	17.1	16.2	16.0
	0.3〜1.0	47.4	47.2	47.9	45.8	43.6
	1.0〜2.0	32.6	27.1	29.7	26.0	26.9
	2.0以上		7.8	4.2	9.8	11.2

注：農家率の母数は販売農家数である。
出所：農業センサス

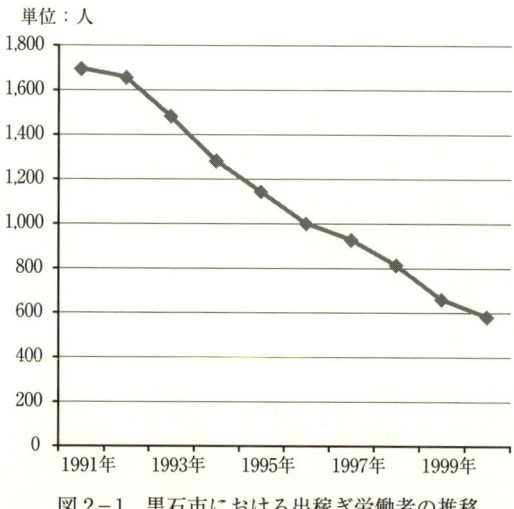

図2−1　黒石市における出稼ぎ労働者の推移
出所：青森県統計年鑑

2−2)。さらに、農家の農外就業に影響の大きい製造業における従業員数の動向を、従業者数の多い業種についてみる（表2−3）。当市の製造業は縫製・弱電などのいわゆる女子型企業が中心である。1980年代に食料品製造業などの地場産業が減少するが、1980年代前半では弱電および精密企業、1980年代後半では縫製企業が展開し地域の労働力を吸収していく。これが1990年代前半では弱電企業における雇用が縮小し、1990年代後半になると縫製企業における雇用が縮小する。男女で縮小の比率はそれほど差がないが、女子数が多いので、女子の減少数は大きい。このように製造業の中でも縮小の時期に相違がある。

　以上の雇用縮小の背景には、製造業等の海外移転、企業倒産とともに、公共事業規模の圧縮およびそれによる不況などの問題がある[3]。このため、黒石公共職業安定所管内の有効求人倍率（有効求人数/有効求職者数、2003年）は0.23と、全国的に低い青森県の中でも最低となった。その中で、労働力は農業に滞留する傾向があり、日雇出稼ぎ2兼農家率は下落する一方、専業農家率、1兼農家率、60歳未満男子専従者のいる農家率、65歳未満男子専従者

第2章　津軽リンゴ地帯におけるリンゴ作農家の階層分化の実態　45

表2-2　黒石市の事業所数および従業員数

単位：カ所、人

		1991年 ①	1996年 ②	2001年 ③	増減 ②-①	増減 ③-②
事業所数	建設業	158	209	176	51	-33
	製造業	140	126	108	-14	-18
	電気・ガス・熱供給・水道業	4	3	4	-1	1
	運輸・通信業	31	35	37	4	2
	卸売・小売業、飲食店	980	1,336	921	356	-415
	金融・保険業	37	68	30	31	-38
	不動産業	82	93	69	11	-24
	サービス業	517	833	590	316	-243
従事者数	建設業	1,827	2,693	1,875	866	-818
	製造業	3,400	3,284	2,502	-116	-782
	電気・ガス・熱供給・水道業	69	103	83	34	-20
	運輸・通信業	661	838	852	177	14
	卸売・小売業、飲食店	3,941	7,184	4,547	3,243	-2,637
	金融・保険業	471	676	353	205	-323
	不動産業	119	154	125	35	-29
	サービス業	2,366	4,866	4,294	2,500	-572

出所：総務省統計局「事業所・企業統計調査報告」

表2-3　黒石市における製造業従事者の動向

単位：人、%

		実数					増減数（増減率）			
		1981年	1986年	1991年	1996年	2001年	81/86年	86/91年	91/96年	96/01年
食料品製造業	男性	-	125	104	98	72	-	-6 (-17)	-6 (-6)	-26 (-27)
	女性	-	124	116	151	123	-	-8 (-6)	35 (30)	-28 (-19)
	男女計	-	249	220	249	195	-	-29 (-12)	29 (13)	-54 (-22)
衣服・その他の繊維製品製造業	男性	-	20	90	90	53	-	70 (350)	0 (0)	-37 (-41)
	女性	-	192	578	661	392	-	386 (201)	83 (14)	-269 (-41)
	男女計	82	212	668	751	445	130 (159)	456 (215)	83 (12)	-306 (-41)
電気・精密機械製造業	男性	-	456	569	405	441	-	113 (25)	-164 (-29)	36 (9)
	女性	-	953	873	573	642	-	-80 (-8)	-300 (-34)	69 (12)
	男女計	1,073	1409	1442	978	1083	336 (31)	33 (2)	-464 (-32)	105 (11)

注：1）製造業のうち従業者数の多い業種の動向を示した。
　　2）データがない欄は「-」とした。
　　3）カッコ内は増減率（%）。
出所：総務省統計局「事業所・企業統計調査報告」

のいる農家率などは停滞しているか、やや上昇している（表2-1）。

調査対象は浅瀬石地区高賀野集落の農家全50戸で、うち33戸より回答を得た[4]。調査は2004年3月に実施し、調査方法は面接法によった。

2．津軽地域のリンゴ作農家の実態

1）農家世帯員の就業構造

まず、調査結果と過去の東北の地域労働市場論と比較して、当地域の労働市場の特質を明らかにする。

東北地域が製造業の進出が最も遅く、しかも低賃金労働力を目的とした弱電・縫製などの内陸型・女子型企業の進出が主であった（青木 1985）。男子労働力は、若年層であればそのような進出企業に採用される者もいるが、壮年から中高年層の多くは1980年代における公共投資の増大に伴い成長した建設業に吸収された[5]。それでもなお、吸収され得ない労働力が出稼ぎを行い、かつそれは北東北で顕著であった[6]。そのような状況を念頭に、1980年代の東北の地域労働市場における賃金構造を最も包括的に示している宇佐美（1985）によると、賃金構造は次のような要素により構成されている。

ア　縫製・弱電関係の進出企業に勤務する女子の日給月給制賃金水準で、包括的最低賃金水準にほぼ相当する。年齢と賃金水準は関係ないが、若壮年層の女子に分布。

イ　男子地元土建日雇賃金水準で、アよりも相当程度高い。中高年層の男子に多いが、若年層にも分布。

ウ　男子出稼ぎ賃金水準で、イよりも高い。中高年層の男子に分布。

エ　役場、郵便局、消防署などの公務員的な職員勤務者の賃金で、年功序列的にイを起点としてウよりも高い水準まで上昇する。全年齢階層に分布。

オ　男子型進出企業における男子の恒常的勤務者の賃金で、年功序列的にイを起点としてウの水準まで上昇。若壮年層に分布。

これに対し、本調査における賃金構造をみると次のとおりである（図2-2）。

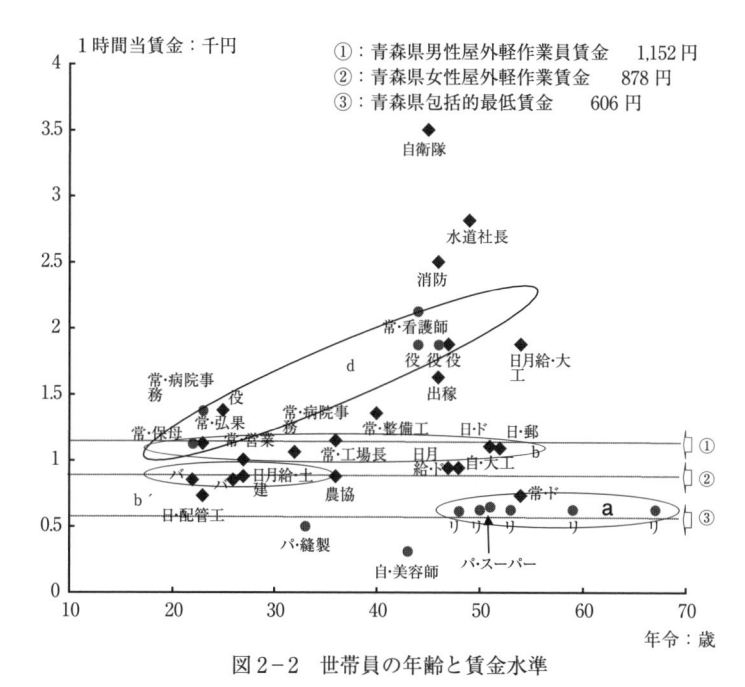

第2章　津軽リンゴ地帯におけるリンゴ作農家の階層分化の実態　47

図2-2　世帯員の年齢と賃金水準

注：◆は男性、●は女性を示す。「常」は職員勤務、「日」は日雇、「日月給」は恒常的賃労働、「自」は自営、「パ」はパート、「バ」はアルバイトを示す。「役」は市役所勤務、「リ」はリンゴ選果場のパート勤務、「ド」はドライバーを示す。
出所：高賀野集落調査、厚生労働省「平成14年度屋外労働者職種別賃金調査」

a　包括的最低賃金のほぼ線上に位置するアについては、本調査でも検出される（図2-2中、aの部分）。しかし、それは縫製・弱電企業への勤務という形で出現することはまれで、多くはリンゴ選果場勤務の形で出現する。

b　イについては、男子軽作業員賃金水準の近辺に検出できる（図2-2中、bの部分）。ただし、男子若年層の不安定就業者の賃金はこの水準よりやや低い女子屋外軽作業員賃金水準の近辺にある（図2-2中、b´の部分）。

c　ウについては、本調査ではほとんど検出されない。

d　エについては、本調査でも検出される（図2-2中、dの部分）。図中では賃金水準の起点が男子屋外軽作業賃金水準よりやや高く表示されているが、これは年齢にもよると思われるため、黒石市役所の初任給を確認する。初任給は高卒が138,800円、大卒が170,700円でボーナスはともに4.4ヶ月である。年間労働時間を2,000時間とすると、換算時給はそれぞれ1,152円、1,400円となり、高卒初任給が男子屋外軽作業員賃金と接続するという計算になる。ボーナスをはずして計算すると、同様の労働時間で833円、1,024円となる。この場合、男子屋外軽作業賃金に接続するのは大卒初任給となり、高卒初任給はむしろ女子屋外軽作業員賃金に接続することとなる。また、同じ公務員でも、自衛隊のような国家公務員や、消防隊員のような通常特殊勤務手当が付与される者は、より高賃金に位置づけられる。

e　オについては、本調査では検出できない。就業先のみの回答者を確認しても、進出企業に勤める男子は図中の精密工場の工場長のみである。

　以上、宇佐美が指摘するように、当地域の賃金構造が男子屋外軽作業賃金＝「切り売り労賃」を基礎に構成されていることが指摘できるが、同時にいくつかの相違点もある。そこで相違点を地域の産業構造および農業構造の観点から検討する。

　第1の相違点は、aに関連する点である。豊田（1982）による1980年の調査においても女子はリンゴ選果場か農業専従という就業行動をとっており、縫製・弱電勤務者はみあたらない。このため、労働集約的なリンゴ作農家が展開する当地域における特質的な現象と考えることもできるが、黒石市で弱電・縫製が本格的に展開するのは1980年代であるので、その点も考慮に入れて調査農家を確認すると、2人いた工場勤めの女子は2人とも工場の閉鎖で失職している（図中の縫製工場勤務も調査年に失職）。このことから、この層に縫製・弱電勤務者がみあたらないのは、新自由主義的経済体制下で国内の弱小産業が整理された結果であり、中高年者がリンゴ選果場勤務をしているのは、リンゴ地帯である黒石市の特質であると指摘できるだろう。

第2に、ウに関連する点である。冬期以外忙しいリンゴ作は、小規模農家を除いて夏場の農外就労は難しいため、リンゴ＋冬期の出稼ぎが1980年代までのリンゴ農民の一般的なあり方であった。それが消失したということは大きな変質であるが、単に事例がないだけの可能性もあるので、世帯主の就業行動を確認すると、かつては出稼ぎをしている（表2-4）。そして地元就業を実現できていない。それゆえ、出稼ぎの消失は産業構造再編期の特質の一つと指摘できるだろう。

　第3に、eに関連する点である。宇佐美の調査ではオの層が検出されているが、黒石市をはじめとして津軽地域は、企業進出の動き自体が極めて微弱で、進出したとしてもせいぜい弱電・縫製関係の女子型企業であったことから、この層は検出されないことの方が一般的であると考える。それゆえ、これは地域的な特質であると理解できる。

　以上から、当地域の労働市場は、①中高年層を中心に若年層まで分布する男子屋外軽作業員賃金＝「切り売り労賃」水準、②女子中高年層に分布する包括的最低賃金水準、③①、②の間で若年層男子に分布する女子屋外軽作業員賃金、④大卒初任給で①と接続する公務員的な職員勤務者の賃金という四つの要素により構成されることが指摘できる。

　さらに、雇用の量的な状況にも注目してみたい。宇佐美の秋田県A町の調査では、農外に就業した男性33人のうち、10人、割合にして30％が、調査地に進出した企業に恒常的に勤務していた。また、女性15人のうち7人、47％は縫製工であった（表2-5）。これに対し、われわれの高賀野集落調査では男性22人のうち、進出企業への恒常的勤務は1人、5％にすぎず、女性の縫製工も12人のうちの1人、8％にすぎなかった。同じ集落の調査ではないため、「変化」とはいえないが、就業構造は大きく異なっているといえよう。また、賃金についても、宇佐美の調査では進出企業に恒常勤務している者の賃金は明らかに地元日雇賃金よりも高かった。しかし、高賀野調査において進出企業に恒常勤務している者の賃金は、工場長にもかかわらず男性屋外軽作業員賃金の水準に過ぎない。さらに大きな問題は、男子屋外軽作業員賃金

表2-4 経営主の農外就業の展開

単位：歳

農家番号	経営主年齢	経営主等の農外就業の展開	経営主の出稼ぎの有無	経営主の農外就業終了時期 出稼	在宅	中止年齢
1	65	27歳から55歳まで茨城・小田原の土建業へ出稼ぎ。	○	94年		55
2	55	20代の頃昭和40年代4、5年関東周辺で出稼ぎ。	○	65～75年		26
3	57	25歳から10年前まで関東・関西の建設業へ出稼ぎ。	○	94年		47
4	57	5年前まで東京方面へ土方で出稼ぎ。	○	99年		52
5	65	なし。				
6	67	60歳頃まで千葉のボーリング・土木業へ出稼ぎ。	○	97年		60
7	51	学卒後5年間くらい東京・名古屋の建設業へ出稼ぎ。	○	76年		23
8	65	25歳～29歳までトヨタ社員。辞職帰農後は出稼ぎなし。	○	68年		29
9	56	なし。				
10	52	10年前まで出稼ぎ。	○	94年		42
11	56	なし。				
12	52	2～3年間東京方面の警備業へ出稼ぎ。その後郵便局に16、7年間勤務（非常勤）。	○	87年	継続	
13	64	3年に1回くらい行っていた。	○	?		
14	49	35～6歳まで出稼ぎ。	○	91年		36
15	70	なし。				
16	73	なし。				
17	68	1955年～1970年頃まで出稼ぎ。その後2000年頃まで平賀の採石場。	○	70年	00年	64
18	49	2002年より水道業開始。			継続	
19	72	なし。息子は高卒後出稼ぎ（トラック運転手）。				
20	65	中卒後、農業＋大工（2002年まで）。			02年	
21		夫は1990年頃まで東京名古屋方面に冬場出稼ぎ（1996年死亡）。	○	90年		
22	84	なし。				
23	45	学卒後信用組合勤務。結婚後設備工事会社に常勤。			継続	
24	72	75年頃、10年間建設業に出稼ぎ。	○	75年		38
25	54	1981年～12年間千葉埼玉で大工の出稼ぎ（通年）。現在通勤で大工。	○	93年	継続	
26	54	学卒後ドライバーに常勤。父は農業＋臨時。			継続	
27	76	30年くらい前までは出稼ぎ。		74年		46
28	46	埼玉へ出稼ぎ（10ヶ月／年）。			継続	46
29	53	70～80年代、小野田レミコン、リンゴ移出商。現在庭師。		89年	継続	
30		出稼ぎは3年間経験した。	○	3年間		
31	79	魚商を30～50歳まで20年間。	○		75年	50
32		夫は東京へ出稼ぎ1980年代まで（20年前死去）。	○	80年		
33			−			

出所：高賀野集落調査

第2章　津軽リンゴ地帯におけるリンゴ作農家の階層分化の実態　51

表2-5　就業形態別構成比率の比較

単位：人、％

		秋田県A町調査（1980）				黒石市高賀野集落調査（2004）			
		男		女		男		女	
		実数	割合	実数	割合	実数	割合	実数	割合
恒常的勤務	公務員	6	18	2	13	4	18	2	17
	進出企業	10	30	2	13	1	5	0	0
	地元企業・農協	0	0	0	0	6	27	2	17
恒常的賃労働		3	9	9	60	3	14	0	0
	うち縫製・弱電工	0	0	7	47	0	0	1	8
日雇・出稼	日雇	4	12	1	7	5	23	6	50
	出稼	10	30	0	0	1	5	0	0
自営		0	0	1	7	2	9	1	8
合計		33	100	15	100	22	100	12	100

出所：宇佐美（1985）、高賀野集落調査

＝「切り売り労賃」水準よりも女子屋外軽作業員賃金に近い賃金水準の男性が多く、男子屋外軽作業員賃金の水準が男性の賃金の底辺となっていないことである。これは日給や日給月給の男性のみならず常勤の男性にも存在する。「切り売り労賃」は農業所得との合算で世帯主が家計を賄うという概念であり、この水準に達しないということは、世帯主1世代で家計を賄うことができないということである。男性賃金がこのように切り下げられているのは、土建業など従来の低賃金職種が大幅に縮小していることが背景にある。

このように、新自由主義的経済体制下における津軽地域では、地域労働市場から土建業や農村進出企業の雇用が失われ、賃金も切り下げられていることが指摘できる。

2）リンゴ作農家の階層性

(1)　就業構造の階層性

経営規模をみると、飛び抜けて大規模な農家はおらず、最大規模で310aである。2ha以上は5戸、1～2ha未満は14戸、1ha未満は14戸と小・零細規模の農家が多数を占める（表2-6）。

リンゴ作規模からみてリンゴ単作農家はリンゴ上層農家に多い。また、水田作規模はリンゴ作規模にかかわらずほぼ一様に零細である。このように、

表 2-6　農家の経営概況

農家番号	経営耕地 (a) 合計	りんご園 合計	りんご園 うち借入	水田 合計	水田 うち借入	男性 経営主層	男性 後継者層	男性 父母層	女性 経営主層	女性 後継者層	女性 父母層	販売額 リンゴ (万円)	販売額 米 (万円)
1	240	210	10	30		65専	36 常		59専			506	18
2	235	205	50	30		55専	26 ぺ		55専		79	600	21
3	245	200		45		57専	31 日		53ぺ		79	550	35
4	200	200				57専	23 常		53ぺ			480	
5	180	180	40			65専			63専			400	
6	174	174				67専	32 常		61専	35 臨時		235	
7	160	160				51日	18		51専	32		256	
8	160	160		46		65専	36 常		58専	33 ぺ	79	354	
9	186	140	40	50		56専	22 常	86	48ぺ	22	85	400	60
10	185	135		70		52専	25 常				77	280	
11	190	150		180	150	56専	26 常貫		52専	23 常貫		350	88
12	310	130		40		52日	40 専				72	250	59
13	170	130		40		64専	25 常	82				300	28
14	145	125		20		49専	36 常貫		44専	35		350	16
15	169	120		29		70専	44 常		65専		75	320	
16	148	120		28		73専			68専	44盛, 20学		300	12
17	100	100				68専			63専			120	
18	110	80		30		49自	47 常貫		43自		77 専	144	20
19	98	68		30		72専			71専			155	
20	80	60		20		65専			59ぺ		88	90	
21	72	60		12					65専			120	9
22	64	32		27		84専			82			35	27
23	65	30		20		45専			44常			60	
24	30	30				72専	48 自		70専		77 専	46	20
25	85	28	23	53		72常貫	27 常, 22 ぺ		50			70	
26	51	28		23		54常貫	23 常		51	43 自, 25 常, 21	78 専	90	
27	52	27		25		76専	40		72専	21	78 専	76	
28	23	23				46出			67専			70	
29	120	15	15	45		53日	46 常		52	27, 23	76 専	30	20
30	70	10		60		74			68	46 常		38	
31	29			29		79			72				29
32	0					45常			44常		68		
33	14			14					84				

注：「常貫」は日給慣の恒常的賃労働を示す。また、「就業状況」における太字は農業従事日数150日以上、斜体は同30～150日、下線は同30日未満である。
出所：高賀野集落調査

第2章　津軽リンゴ地帯におけるリンゴ作農家の階層分化の実態　53

水田作の経済的意義は乏しいことから、以下ではリンゴ作規模を経営規模の指標とする。

　リンゴ作規模別の就業形態は、①2ha以上の農家は、経営主が専従、経営主の妻も専従か、農閑期にのみリンゴ選果場でパートに従事している夫婦経営である[7]。後継者は日雇、アルバイトなどの不安定就業者、職員勤務だが低賃金の就業者などで、補助的な農業従事をしている者もいる。②1～2haの農家も基本的に夫婦経営であるが、経営主が日雇就業している農家、経営主の妻がいない農家がある。後継者は職員勤務、日給月給の恒常的賃労働が多く、農業従事は手伝い程度である。③1ha未満の農家は高齢専従農家、女性専従農家、兼業農家で構成される。後継者は職員勤務、恒常的賃労働が多いが、後継者が他出し欠損している農家も多い。

　上記のようにリンゴ作農家の就業構造には階層性が生じているが、実際に専従が成立するような所得が得られているか検討する。表2−6の農産物販売額および家族の農業従事日数を基礎に、共同防除組織の利用を前提とする地域の標準的費用を用いて、リンゴ作規模別に農業所得、一日当たり農業所得を試算した結果が表2−7である。これをみると、農業所得は上層になるに従い増加するものの、2ha以上層でも県平均販売農家家計費を確保するまでには至らない。1日当たり農業所得は、2ha以上層では男子屋外軽作業員賃金（8,640円/日、2002年）の水準に近くなっているが、2ha未満層では包括的最低賃金に達しない水準である。調査対象年である2002年はリンゴ価格が暴落した年のため、高価格年である2000年の価格水準で試算した[8]。この場合、2ha以上層では農業所得で家計費を確保できる水準に近づいているが、2ha未満層では家計費を確保する水準に至っていない。1日当たり所得は、2ha以上層では男子屋外軽作業員賃金水準であり、1～2ha層では最低賃金並みに達する。すなわち、2ha以上層ならば、リンゴが高価格のとき、かろうじて夫婦専従経営が成立するが、2ha未満層は高価格でも夫婦専従経営が成立することは困難である。それでも1～2ha層は、夫婦2人分の家計費程度は農業所得で確保できる（1人当たり県平均販売農家家計費1,077

表2-7 農業所得の試算

単位:万円、円

リンゴ作規模	現状		高価格年		年間家族労働日数	県平均販売農家家計費
	農業所得	1日当たり農業所得	農業所得	1日当たり農業所得		
2ha以上	340	6,058	448	8,087	578	
1〜2ha	184	3,350	250	4,601	562	435
1ha未満	51	1,859	75	2,657	369	

注:1)試算のための前提は以下の通り。「現状の農業所得」はリンゴ所得と米所得の合計である。リンゴ所得は、農家聞き取りによるリンゴ販売額から黒石農協管内の標準的な10a当たり肥料費、防除費、生産資材費合計8.5万円および雇用日数に地域の平均的な女性単純作業労賃5,000円乗じた雇用費を差し引き算出した。米所得は、黒石市農協が試算した経営面積別収支のうち、「水稲作規模1ha生産組合加入」の場合の所得30,695円/10aに経営規模を乗じて算出した。「1日当たり農業所得」は、農業所得を農家聞き取りによる年間家族労働日数で割って算出した。「高価格年」は「現状」の条件で価格のみ、高価格年であった2000年の黒石市の生産者平均価格(131円/1kg)により算出した。
　2)農業所得に共防組織のオペレーター賃金は含まれていない。ただし、オペ出役はたとえすべて出役したとしても18日程度、したがってオペ賃金は18万円程度(地域の平均的オペ時給1,200円程度)にしかならないことを付記する。
出所:高賀野集落調査、黒石市農協「農業振興計画書(2002〜2006年度)」、2003年度農業経営動向統計(青森)、青森農林水産統計年報(2000年度)

千円)ため、後継者が農外所得で自分たちの家計を負担するという前提で農業専従となっていると思われる。しかしながら1ha未満層は、農業所得では1人分の家計費すら負担できない水準であるため、兼業が必須となる。しかも、当地域のごとき低賃金構造下では、夫婦とも職員勤務でない限りは、農業従事を組み入れた家族多就業形態を維持していかねばならず、それがこの階層で典型的に現れる。

　今後のリンゴ作農家像であるが、2ha以上層は、農業所得のみでほぼ家計費を確保できる可能性をもつため、世代交代して農業経営を継続すると考えることができる。1〜2ha層は、経営主が現役であれば、経営主専従経営として継続する。経営者がリタイアしても、賃金水準が低い状況のため、後継者が少なからず存在するこの階層では、多くは経営を継承すると予測される。1ha未満層も、夫婦とも職員勤務か後継者が他出した農家が高齢リタイアしない限りは、リンゴ農業に滞留すると考えられる。しかし、農業所得が見込めないこの階層では、若壮年層の離村も多いことから、やがて「家」も消滅するという農家が増加すると思われる。

(2) 作業組織の階層性

　リンゴ作の労働過程には手作業が多く、剪定作業の技能的性質、摘花・摘果、着色管理、収穫作業の労働集約的性質が特徴である。従来、剪定作業は直系男子が担い、集約的な作業は家族全員あるいは雇用が担い、薬剤防除作業は経営主が共防に出役するという家族協業が編成されてきた。それに対して、本調査における作業組織は表2-8に示すとおりである。特徴として、①2ha以上層では、夫婦による協業が組まれているが、秋作業（葉摘、収穫）については過半数が雇用を導入している。②1～2ha層においても、基本的には夫婦による協業が組まれているが、妻が分担していない農家も30％程

表2-8　リンゴ作業の分担状況

単位：％

作業	担当者	リンゴ作規模 2ha以上	リンゴ作規模 1～2ha	リンゴ作規模 1ha未満	作業	担当者	リンゴ作規模 2ha以上	リンゴ作規模 1～2ha	リンゴ作規模 1ha未満
施肥	主	100	100	58	薬剤散布	主	100	100	31
	妻	75	33	25		妻	33	30	
	息子	25				父		10	
	父		8			委託			69
	母			8	袋掛	主	100	100	50
	雇用			23		妻	100	67	42
剪定	主	100	100	36		息子		8	17
	妻		17			父		8	
	父		8			母		8	17
	委託			64	葉摘	主	100	100	67
受粉	主	100	67	9		妻	100	67	58
	妻	100	40	14		息子	25	8	8
一輪摘花摘果	主	100	100	64		父		8	
	妻	100	73	55		母		8	8
	息子	25		9		雇用	75	75	31
	父		8		収穫	主	100	100	75
	母		17	9		妻	100	73	50
	雇用		17	23		息子	25	8	33
仕上摘果	主	100	100	67		父		8	
	妻	100	67	50		母		17	8
	息子			8		その他家族	25	8	
	父		8			雇用	50	58	
	母		17	8					
	雇用		17	23					

注：1）各階層における作業従事者の経営戸数に対する割合である。
　　2）無効回答は除いて算出した。
出所：高賀野集落調査

表2-9 農家の規模拡大・縮小過程

農家番号	1960年以前	1960年代	1970年代
1	30a		70年購入20a、76年山林開墾20a
2	155a		
3	145a		79年購入15a
4		66年相続40a	
6	46a	64年購入28a、69年購入50a	
7	110a		79年購入50a
8			73年相続70a
10	95a		
13	75a		
16	200a		71年購入100a、73年売却100a（手余り地）、75年贈与80a
18	90a		
20	40a		
21	90a		
22	32a	68年水田売却10a	
23	30a		
24	60a		70年売却30a、70年水田売却3a（病気、後継者夫婦自営）
25	44a		
26	42a	64年水田と交換14a	
27	73a		75年水田と交換11a
29	50a		
30	70a		
31	45a		70年売却45a（病気、後継者他出）
32	70a		
33	-		-

注：1) 特に断りがない場合はリンゴ園の動きである。また、1960年以降全く動きのない農家は除いた。
　　2) （　）内は売却・貸付理由、貸借の契約内容である。
　　3) 動きはあるが詳細は不明な場合「-」とした。
出所：高賀野集落調査

第 2 章　津軽リンゴ地帯におけるリンゴ作農家の階層分化の実態　　57

1980 年代	1990 年代	2000 年以降
	85 年以降購入 130a（相手高齢化等）	01 年借入 10a（相対無料）
		00 年借入 15a、02 年借入 35a（相手病気、相対現物）
84 年購入 15a	94 年購入 10a	04 年購入 15a
	80 年以降購入 160a（相手高齢化等)	
	91 年借入 40a（相手常勤、相対現物）	
84 年購入 90a、84 年水田売却 30a（公団買収）		
		00 年借入 40a（高齢、後継者なし）
	94 年購入 55a	
	94 年売却 10a	
		02 年購入 20a
84 年水田売却 40a（公団買収）	96 年貸付 30a（病気、相対 10,000 円）	
		00 年水田売却 80a（後継者夫婦常勤）
		03 年売却 16a、03 年水田購入 23a
		03 年売却 26a（高齢化）
	98 年原野購入開墾 40a、98 年水田購入 15a	
84 年売却 60a、84 年水田売却 20a（後継者夫婦常勤兼業）		
84 年貸付 90a（相対現物）、84 年水田売却 20a、84 年購入 20a（後継者夫婦常勤兼業）		
―	―	―

度ある。また、2 ha以上層と同様、過半数の農家が秋作業に雇用を導入している。③1 ha未満層では、経営主が担当している農家は70％程度、妻が担当している農家は50％程度である。④剪定作業は、1 ha以上層ではすべての経営主が分担しており、その他の家族員が分担することはまれである。1 ha未満層では64％の農家が作業を委託している。⑤薬剤防除作業は、1 ha以上層ではすべての経営主が担当するとともに、妻も担当している農家があるが、1 ha未満層では69％の農家が共同防除組織に委託している。

　就業構造との関連で指摘すれば、①夫婦経営が成立している2 ha以上層では、夫婦による協業を充実させるとともに、秋作業を中心に雇用が導入され、協業を成立させている、②1～2 ha層も同様の協業編成であるが、夫婦による協業が成立していない農家も含まれる、③高齢専従農家、女性専従農家、兼業農家で構成される1 ha未満層では、経営主労働力を確保できないため、剪定、薬剤防除など生産力形成上極めて重要な作業で委託が不可欠となり、同時に欠損する家族労働力の代替として雇用を導入する等の階層性が見出される。また、後継層は不安定兼業従事者、職員勤務者ともにリンゴ作業の従事はまれで、農作業の世代間継承性には問題がある。特に問題なのは技能的性格の強い剪定作業の継承性である。就業構造から、親世代がリタイアすれば後継世代が作業を継承する可能性が高いと考えられるが、その場合、その他の作業の習得は1年程度で可能であっても、剪定技術の短期間による習得は難しい。これは地域的な取り組みが求められる点である。

(3)　農家の規模拡大・縮小過程

　1960年以降の農家の規模拡大・縮小の動きは、表2-9に示すとおりである。その特徴として、①1 ha以上層では拡大が11戸、維持が6戸、縮小が1戸、1 ha未満層では拡大が2戸、維持が4戸、縮小が9戸であることから、おおよそ1 ha以上層が拡大、1 ha未満層は縮小傾向である、②拡大・縮小はリンゴ園の売買が主である、③リンゴ園購入は1960年代に始まり、1980年代にピークに達するが、その後も生じていることが指摘できる。リンゴ園貸借

については、現在成立している契約のみの聞き取りのため、時系列的には不明だが、上層形成に貢献している。縮小理由をみると、後継者夫婦ともに職員勤務による兼業という条件の下で、病気あるいは高齢化が直接的契機となり縮小している。すなわち、入会山林開墾が進んだ戦前と異なり、外延的拡大の余地が乏しい中で、後継者夫婦の職員勤務によって農外自立条件をクリアした農家が縮小・離農する一方、上層中心に経営主の専従化が進んだことにより、階層分化が進んだということができる。

(4) リンゴ技術の階層性

リンゴ技術の内容は表2-10に示すとおりである。階層性に着目すると、以下の点を指摘できる。第1に、2ha以上層は、堆肥施用、枝つりの農家割合、仕上げ摘果の回数などが最も高い一方、マメコバチ、摘果剤など省力

表2-10 リンゴ技術の内容

管理作業の種類			リンゴ作規模		
			2ha以上	1～2ha	1ha未満
土壌	春肥施用 (％)		100	100	69
	秋肥施用 (％)		0	31	0
	堆肥施用 (％)		75	54	31
	土壌改良剤散布 (％)		50	77	54
樹体	徒長枝せん去実施 (％)		75	77	69
結実	受粉実施 (％)	無受粉	0	23	77
		人工受粉	0	31	15
		マメコバチ	100	69	23
	摘花実施 (％)	摘花せず	25	23	38
		腋芽花	75	69	62
		頂芽花側花	50	46	46
	仕上げ摘果回数 (回)		2.3	1.9	1.8
	摘果剤散布 (％)		50	31	8
	ふじ有袋栽培割合 (％)		13	11	47
	着色管理 (回)	葉摘み回数	1.0	1.1	1.4
		玉回し回数	1.0	1.1	1.6
		枝つり	100	69	46
	収穫回数 (回)		1.3	1.2	1.3
防除	腐乱病防除実施不十分 (％)		50	8	46

注：1）単位が％の場合は階層別実施農家割合、回数の場合は階層別平均実施回数を示す。ただし、「ふじ有袋栽培割合」は階層別平均ふじ栽培比率を示す。
　　2）徒長枝とは夏期に生じた新梢であるが、受光に悪影響があるので取り除く。
出所：高賀野集落調査

技術に取り組んでいる農家が多い。腐らん病防除が不十分であると回答した農家が多いことを除けば、栽培管理を稠密に行い、省力技術を適正に導入している階層である。第2に、1ha未満層は、無施肥、無受粉の農家が多い一方、「ふじ」の有袋栽培比率が高く、葉摘み、玉回しの回数が多い。全体的に手抜き化がすすんでいる中で、稠密管理を着色管理に特化している階層である。第3に、1～2ha層は、堆肥施用、枝つり実施農家割合、仕上げ摘果回数はやや2ha以上層より低いものの、基本技術は励行している。しかし、その中に無受粉農家などの手抜き農家と肥料の2回施用、人工受粉など基本技術以上に集約的に栽培管理を行う農家が混在している。以上のように、中・上層における労働力の農業への回帰と下層の労働力の弱体化に起因する階層性が生じている。特に上層は、傾斜地マルバ栽培における春肥・強摘葉（1回摘葉）・一斉収穫体系のもとで、稠密な栽培管理を行うという精農的な性格である。

3．新自由主義的経済体制下における低賃金地帯の地域労働市場とリンゴ農家の階層分化の特質

1）津軽地域の地域労働市場の特質

従来、東北の企業進出は低賃金労働力確保が目的であり、地域労働市場は低賃金構造を特徴とすることが指摘されてきたが、本調査では、さらに厳しい状況がリンゴ地帯である津軽地域の2000年代前半の地域労働市場の特質として見出された。

それは東北の農家世帯員の有力な就業形態であった男子の出稼ぎ、女子の弱電・縫製企業への勤務が消失したため、地域の労働市場が、①中高年層を中心に若年層まで分布する男子屋外軽作業員賃金＝「切り売り労賃」水準、②女子中高年層に分布する包括的最低賃金水準、③①、②の間で若年層男子に分布する女子屋外軽作業員賃金、④大卒初任給で①と接続する公務員的な職員勤務者の賃金という四つの要素に単純化される形で出現しているという

ことである。それも①の水準が底辺とならずに、③に近い水準の男性が、日雇、常雇という雇用形態を問わずに少なからず生じている。これは土建業など従来の低賃金職種の縮小や農村進出企業の移転や倒産などにより、地域労働市場が大きく縮小しているために生じている。このことは、「切り売り労賃」層が消失し、農業に依存しない安定兼業農家が展開する近畿とは異なる状況であり、その背景には、低賃金労働市場を縮小させてきた、新自由主義的な経済体制がある。地域労働市場に占める低賃金雇用ウェイトが高い津軽地域では、その影響をより強く受けており、この点近畿との格差はむしろ広がっていると考えることができよう。

2）低賃金地帯におけるリンゴ農家の階層分化の特質と展望

　農家層は従来指摘されたような同質的農家集団ではなく、階層性を帯びた集団となっている。すなわち、中・上層を中心とする経営主農業専従農家集団と下層を中心とするそれ以外の農家集団である。出稼ぎの消失と地元建設業の縮小の中で、経営主層は農業専従を選択せざるを得ない状況にあるが、それも少なくとも経営主夫婦分の家計費を農業で得ることのできる中・上層に限られている。下層は経営主の農外所得を織り込まなければ家計費の確保が困難であるため、高齢農家以外は経営主が農外就業をしている。そのため、農業は女性や高齢者が中心的な従事者となっている。このような状況は、夫婦協業を維持する中・上層は基本栽培管理を稠密に実施するが、基幹労働力を欠く下層では作業の手抜き化が甚だしいという技術構造の階層性を出現させる要因となっている。一方、下層の維持には、剪定集団や共同防除組織などの共同組織への剪定作業や防除作業の委託が前提条件である。

　厳しい地域労働市場条件のために農家の滞留構造は強固であり、その中で上述のような階層分化が確認される。農業所得、農外所得も低位であるため、世代間で所得を合算しながら農家経済を維持することとなる。後継世代については、中・上層は多くの農家で家の後継者がおり、かつ賃金水準の低い者が少なくないことから、親世代がリタイアすれば農業を継承していくことと

なるだろう。下層については十分な農業所得が見込めないため、農業から離脱し、さらに離村していく後継者も少なからず生じるだろう。

3）低賃金地帯におけるリンゴ産地の再編課題

　階層分化が進行したといえども、上層は基本栽培管理を稠密に実施する精農的性格であり、集団的な産地展開が今後も不可欠である。ただし、農業専従の場合のリンゴ所得は家計費をまかなう水準に至らないことから、リンゴ収益を向上させる方策が求められる。その最重要要素が価格向上であるが、供給過剰傾向にある現在の市場条件下で価格向上を実現させるには、新技術や新品種の導入による新商品の開発が不可欠である。それゆえ、このような機能を担当する組織を下部組織にもつ産地組織の編成が求められよう。

　また、現在もなお産地内の多数を占める下層農家（表2－1）の維持は、産地規模維持上の意義が大きい。加えて、下層は労働力を集中的に着色管理作業に投入する労働過程をとることにより、近年供給減少が問題となっている有袋貯蔵リンゴ生産を担っていることから、その維持は産地戦略上の意義も有する。そのため、産地全体としては下層を維持していくという合意形成が見込まれるが、問題は彼らがリンゴ営農を継続するために不可欠な剪定や防除作業を誰がどのように担い、その報酬をいかに担い手に還元するかである。担い手が下層農家維持に意義を認めたとしても、適正な報酬がなければ持続していくことは困難である。剪定集団や共同防除組織における作業の担い手は上層農家が見込まれるが、例えば共同防除組織においてオペレーター賃金などを厚くしていくという方策は、農外収入が減少しかつリンゴ収益が低水準で推移する現状では極めて難しい。そのため、作業の公共性に対して農協や公的機関が一定の報酬原資を生産組織に支出するか、あるいは上述のような技術革新を担い手たる上層農家が担い、農協や公的機関がそれを支援するなどの仕組み作りが課題となる。このうち、後者はいわゆる「先駆者利潤」の上層への配分を意味する。いかに農家の経済余剰が乏しくとも、現在の後退局面にある産地の状況を転換するには、市場に対応した技術革新が不可欠

第2章　津軽リンゴ地帯におけるリンゴ作農家の階層分化の実態　63

であり、そのための投資が必要である。しかしながら上層も弱体化していることから、技術革新を目的に上層が集団化し、さらに支援機関が支えるなどの取り組みが求められるのである。その場合、特に上層による剪定作業受託組織の側面をもつ剪定集団への支援とその方法がカギとなるだろう。一方、これまで集団的な生産力向上を目的としてきた共同防除組織などの「ぐるみ」的な生産組織にも、市場対応に向けた取り組みが一層求められることとなるだろう。

4．おわりに

　本章では、東北地域の中でも地域労働市場の展開が遅れた地域である津軽地域の水稲・リンゴ複合地帯を対象に、新自由主義的経済体制下における地域労働市場と農家世帯員の農業従事状況との関係を検討し、さらにそのような地域労働市場条件下におけるリンゴ農家の階層分化の特質およびリンゴ産地再編課題を検討した。
　以降の章では、本章の分析結果をもとに、生産組織および産地の再編を検討していく。

注
1）磯辺（1985）、田代（1979）、および豊田（1987c）。
2）清（2000）によると、1996年に「経済構造の変革と創造のためのプログラム」が閣議決定され、1999年にはリストラ推進を支援する産業活力再生特別措置法、租税特別措置法改正法が制定されている。そのため、これらの諸政策が発効するのは2000年以降である。
3）青森県（2005）によると公共建設投資額は1996年よりマイナス傾向が強くなっている。
4）調査の参加者は次の諸氏である。伊藤昌、伊藤房雄、佐藤章夫、佐藤正衛、佐々木伸幸、澤田守、角田毅、田中英輝、月岡直明、徳田博美、成田拓未、野中章久、藤森英樹。
5）宇野（1990）は、1986年に実施した宮城の調査から、男子の35歳以下は恒常的勤務、以上は土木建設工という兼業形態の世代間格差について明らかにし

ている。
6）豊田（1985）は、北東北と南東北の兼業形態の性格差を指摘している。
7）なお、この点について、農協担当者は選果ラインを自動化しない理由にあげている。
8）台風による大量落果のための価格高騰（1991～1992年）以降の平均1kg当たりリンゴ価格は118円（出所：「生産農業所得統計」農林水産省統計部）である。

第3章　農家の階層分化進行下における共同防除組織の再編

1. はじめに

　共同防除（以下、共防）組織はリンゴ作の生産力向上と主産地形成に大きな役割を果たした生産組織である。しかし、1990年代以降、組織数、参加農家数とも急激に減少し、青森県ではその再編が大きな問題となっている。この共防組織の再編方向について検討することが本章の課題である。

　共防組織の多くは、1960年代から1970年代の選択的拡大期に、上向展開が限界まで達した上層農家が中心となり、個別経営では導入不可能な高度機械化技術を採用するために、設立された。それは同時に、下層農家の低労賃労働力の確保に重要な意義があった。しかし、共同化の受益の階層間不均衡が分化促進作用をもち、将来的には階層間利害対立を孕むものとされた（御園 1963）。ところが1980年代には津軽リンゴ地帯の共防組織では、農村工業化の進展とリンゴ価格の相対的維持により分化促進作用は抑制され、水利共同体を基礎にしていることも相俟って、むしろ分解緩和作用が強く働いたことが指摘された（豊田 1982）。平成不況下の1990年代以降になると、第2章でみたとおり、津軽地域では従来の低賃金構造が解体し、農家の階層分化が進行している。それゆえ、それに伴う組織再編の方向性が課題となる。この点、稲作生産組織には豊富な研究蓄積があるが、リンゴ共防組織は、リンゴ防除作業の特質により、それとは異なる展開論理をもつと考えられる。

　さて、共防組織には属人型組織と属地型組織があるが、①先行研究が全階層的な共防組織を対象としてきた、②青森県が属人型組織から属地型組織への展開を共防の基本的な育成方針としてきた、③農家の階層分化はまさに全階層的な属地型組織で問題になるという諸点を鑑みて、本章では属地型共防

組織をとりあげる。そして農家の階層分化進行下における組織の運営状況と再編方向を検討することから課題に接近する。具体的な検討課題は、①農家の階層分化に対応する組織形態は何か、②その組織形態は、生産組織として自立的に成立するのか、③自立的に成立していない場合それを補う論理は何か、の3点である。

2. リンゴ共同防除組織の分析視角

1) リンゴ共同防除組織の特殊性

農民層の分化・分解を視点とした生産組織論は、ほとんどが稲作生産組織を対象とし、リンゴ作など果樹作の共防組織を分析した研究は非常に少ない。「ぐるみ」的な性格をもつリンゴ作の属地型共防組織は、次のような理由でいわゆる稲作の「ぐるみ」型生産組織の主要な展開方向とは異なる方向性をもつ。

第1に、技術的特質である。リンゴの防除は、①病虫害の種類およびそれに対応する薬剤の種類が非常に多く薬効も複雑である、②褐斑病、すす斑・すす点病、斑点落葉病、モモシンクイガ、リンゴハダニなどの難防除病虫害が存在する、③防除薬剤は樹体に薬害を与える場合もある、④一度散布すればやり直しがきかないなどの技術的特質がある。そのため、損害が生じるリスクの極めて高い作業である。このような作業において一般的に作業受託を成立させるためには、作業から薬剤調合などを分離して散布作業に特化した上で、失敗を問われないように免責を幅広く設定するなど特殊な条件が必要となる。このため、一般的には作業請負が成立しにくく、稲作の生産組織の再編方向として示されているような受託組織の形成を経由する再編方向はとりがたい[1]。

第2に、技術体系のバランスである。手作業中心のリンゴ技術構造の中で、防除作業は最も機械化が進んでいるとともに機械も高額である。そこに共防組織の存立理由があり、組織が崩壊しても、スケールメリットをもたない防

除以外の個別的作業が多いため、請負耕作（農地貸借）の進展などの方向（伊藤 1979）は直接的にはとりがたく、共防組織から共同経営に発展する方向もとりがたい（中安 1996）。

第3に、土地利用上の特質である。防除用水の確保が重要なため、属地型共防組織には水利共同体の性格がある。しかし、リンゴ園地、特に傾斜地は、個別的、固定的な農地利用が合理的なため輪作あるいは転作などの必要がなく、土地利用調整の意義が乏しい。それゆえ、集団的土地利用を主要な機能とする地域営農集団（永田 1979）などの主体的展開の方向もとりがたい。もちろん水利用と作業の「2階建て組織」の形態はとりうるであろうが、それは集落型の稲作生産組織でみられるような農地利用と担い手集団（佐藤ら 1991、倉本 1988）といった性格にはならない。

以上の点からリンゴ作の共防組織は農家の補完組織の立場から分析することが妥当であると考えられる。

2）属地型共同防除組織の組織形態

農家の補完組織である属地型共防組織は、「集落生産組織」（青柳 1997）の分類にのっとれば「利用組織」であるため、組織形態は全戸出役型と受委託型に限定される。このうち、全戸出役型の参加農家の階層構成は、採用する防除技術方式で異なる。スピードスプレーヤー（以下、SS）方式の場合、基幹的な男子労働力が要求されるが、定置配管方式の場合、高齢者あるいは女性でも作業が可能である。そのため、SS方式では少なくとも専従的な男子労働力を保有する農家、すなわち経営主農業専従的農家による全戸出役型組織となる。一方、定置配管方式では全階層的（経営主農業専従的農家のみで構成される場合も含めて）な全戸出役型組織となる。受委託型はSS方式に限定され、全階層的な組織となる。

以上から、共防組織の組織形態は三つのタイプに整理できる。第1に経営主農業専従的農家群によるSS方式の全戸出役型共防組織である。第2に全階層農家による定置配管方式の全戸出役型共防組織である。第3に全階層農

家によるSS方式の受委託型共防組織である。

3) 属地型共同防除組織の運営管理上の問題と再編論理

　農家の階層分化の進行に対する共防組織の運営状況および再編方向を検討するには、農家の防除行動の階層性の分析および組織の収支構造分析が不可欠である。

　農家の階層分化を背景にすれば、上述の3類型の組織のうち、受委託型組織が組織形態として選択されることが予測される。ただし、組織形態として選択されることと、経済的に成立することは別問題である。その際、「内部階層間対立」を、「農民自身の陶冶」(井上 1979)と呼ばれる組織内調整により、いかに抑えていくかが課題となる。その具体的分析のために前述の方法が必要となるが、問題は組織内調整が「農民自身」により「陶冶」されているかである。

　リンゴ所得が一定程度確保され、「切り売り」的な農外労賃を加えることによって家計費が成立する局面ならば、共防組織の低コスト効果は大きな意義があり、「農民自身の陶冶」も可能であったと考えられる。津軽地域では、低賃金労働市場の縮小により中高年労働力が農業に回帰し、経営主専従農家が層をなして成立している。ところが、第2章での分析の通り、彼らはリンゴ所得のみでは到底家計費を充足し得ていないという状況であることから、従来の観点から見れば組織の意義は限定的といわざるを得ない。しかし、今後のリンゴ農家の集団化には、補助金の受入や機械・施設の適正規模利用による低コスト効果の追求のみでは不十分で、収益の維持・向上、特に価格の維持・向上のための販売面での効果の追求が重要である。むしろ、そのような視点で組織再編を展望せざるを得ない状況にあるのではないだろうか。特に、消費者や小売業者の安心・安全の高まりから産地の適正な農薬管理が求められており、共防はその拠点として重要性を増しているのではないだろうか。

　従来、共防組織は生産力向上の問題のみならず、品質向上＝商品生産の問

題として、共販問題の一部として扱われてきた側面もある（御園 1963）。共防組織は生産組織であることから、本来は生産過程の分析として取り扱われるべきであるが、前述のような理由から、共販＝流通過程の要素も加えなければ再編は困難なのではないかと考える。共防は重層的な体制のもとで機能を分担してきたことから、再編は上部組織である広域共防連合会も合わせて検討すべきであろう。

4）調査対象地域と選定理由

本章で対象とする地域・組織は青森県黒石市浅瀬石地区共防組織である。選定理由は、①共防組織の先行研究のほとんどすべてで取り上げられてきた事例であること、②水利共同体を基礎としていること、③共販との関係の中で発展した共防組織であること、④農家の階層分化の進行が認められること、⑤地区内に前述した3タイプの共防組織が最近まですべて存在し、ある程度の比較が可能であることの諸点である。

分析に使用した資料は、①浅瀬石地区高賀野集落の悉皆調査結果（33戸、2004年実施）、②浅瀬石第1、第2、第3共防組合（以下では浅瀬石および組合を除いて表記する）総会資料および組合代表者聞き取り調査結果、③浅瀬石共防組合連合会（以下、浅瀬石共防連）総会資料、④農協担当者聞き取り調査結果である。

3．浅瀬石地区における共同防除体制と共同防除組織

1）共同防除組織の上部組織

浅瀬石地区の共防組織の上部組織は重層的な構造をもつ（図3-1）。第1に、共防組織が水系によって結合した浅瀬石共防連がある。浅瀬石共防連は、各共同防除組織が構成農家から集めた揚水運転資金、負担金などの資金、および各共防組織から選出された役員（各共防長）と揚水係によって運営されている。浅瀬石共防連は水利権と水利施設の管理を主要な機能とするが、この

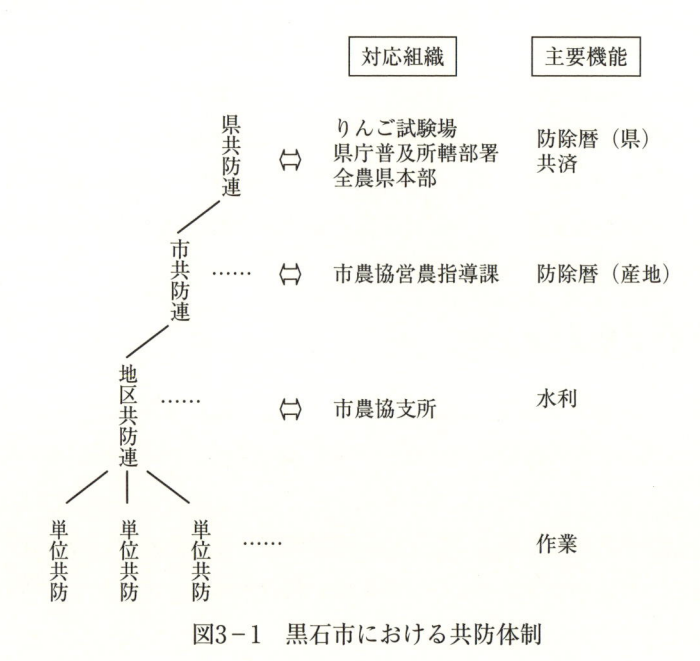

```
                              対応組織           主要機能

          県        りんご試験場        防除暦（県）
          共   ⇔   県庁普及所轄部署      共済
          防        全農県本部
          連
          │
          市  ……  ⇔   市農協営農指導課    防除暦（産地）
          共
          防
          連
          │
          地  ……  ⇔   市農協支所        水利
          区
          共
          防
          連
         ┌┼┐
        単 単 単  ……                 作業
        位 位 位
        共 共 共
        防 防 防
```

図3-1　黒石市における共防体制

ほかに剪定講習会、研修などの機能がある。なお、個別防除の農家も共同防除組織に登録していれば水利を使用できる仕組みとなっている。第2に、浅瀬石共防連のような地区共防連を単位として、黒石市の範囲で構成している黒石市共防連絡協議会がある。黒石市共防連は地区の共防連を通じて徴収した構成農家の負担金と各共防連から選出された役員によって運営されている。市共防連絡協議会の重要な機能は防除暦の作成である。りんご試験場から提供された資料を基に、黒石市農協営農指導課とともに防除暦を作成する。そのほか、市共防連絡協議会を単位として県全体でも共防連絡協議会が組織されている。

　このような共防組織体制は、一面で青森県りんご試験場を頂点とする防除技術の普及組織であったということができる。しかし、それぞれの段階で、各共防組織は作業組織、浅瀬石共防連は水利組織として独自機能をもつ。

　注目されるのが、防除への共販＝流通過程の関与である。黒石市農協では

従来からあった「ひまわりリンゴ」に新たな商品属性を付与し、ブランドを強化するために、2002年から減農薬に取り組んでいる。すなわち、防除回数を青森県標準の11回から10回に減らす防除暦を作成することで、2003年より黒石市農協に属するリンゴ生産者全員が県認定のエコファーマーを取得している。2002年には、流通過程の要請から「トレーサビリティ運動」を開始している。2006年からは、フェロモン剤を利用した減農薬栽培およびそれに向けた防除暦作成の試験的取り組みが始まっている。つまり、流通過程から生産過程である防除への要請が強化されているのである。それは共防連の研修にも及び、従来は農協から市共防連に用途を限定しない補助金が支出されたが、2002年より、用途が地区共防役員（＝単位共防の共防長）の流通・小売機関への視察に限定された。このように産地間競争が激化する中で、共防は流通過程への対応を強化している。

　従来、浅瀬石共防連は、防除および揚水管理のみならず、剪定講習会をはじめとして幅広い集団的活動領域をもっている「総合的な集団的補完組織」（豊田 1982）と評価されていた。現在、防除・水利管理以外の生産面の機能は、青森県りんご協会浅瀬石支会が主催する剪定講習会の共催のみである。一方、前述のように共防長の流通関係への視察は増加している。

　以上のように、生産過程における防除技術普及組織的性格であった共防体制に、流通過程の要請が入り始めている。かつて「リンゴ農民の総合的補完組織」と評価された地区共防連は、生産面では機能を純化させ、流通側からの要請への対応を強化させている。

2）浅瀬石地区の共同防除組織

　浅瀬石の共防組織は、山ごとの属地組織として形成されている（図3-2）。設立当初はわい化共防を除くすべての共防組織が定置配管方式であったが、1980年代までに順次SS方式に移行している。近年まで定置配管方式であった共防組織も1998年に上山共防、2000年に舘野沢共防がSS方式に移行している。2006年には、青森県ではじめて組織された共防組織で、SS方式と併

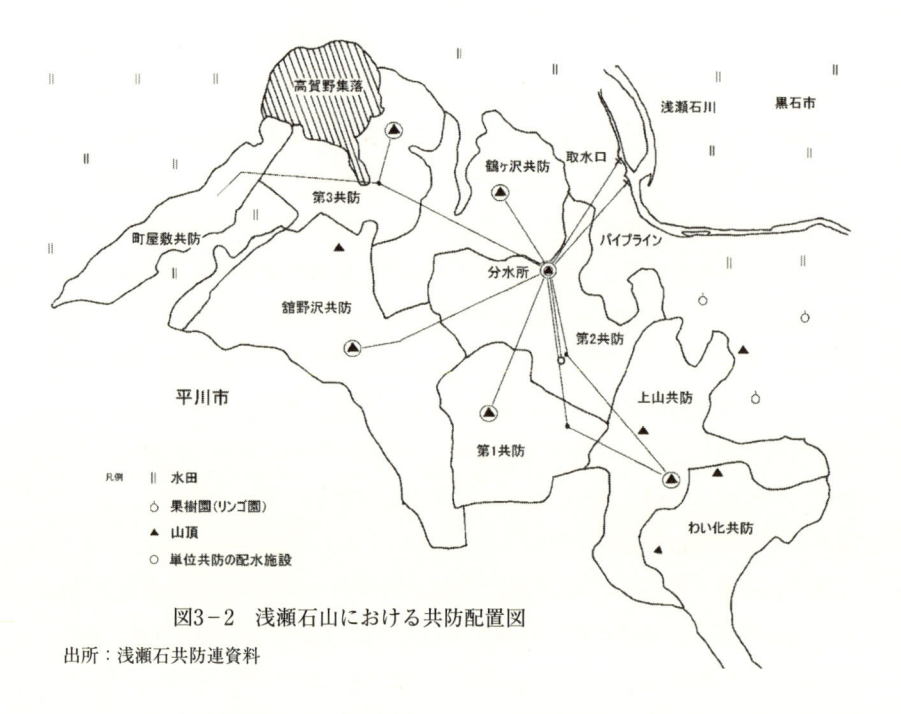

図3-2　浅瀬石山における共防配置図
出所：浅瀬石共防連資料

存させつつも定置配管方式を維持してきた第1共防が、定置配管方式を廃止している。これにより、すべての共防がSS方式単独となっている。近年移行した共防組織の移行理由は、①施設の老朽化に伴い、配管内の薬液除去・エア抜きのため廃棄する薬量が多く、農薬費が割高になること[2]、②全員参加型のため高齢農家も傾斜面で負担の大きい作業をしなくてはならないことなどである。個別防除や廃園が多く生じていることから、定置配管の再敷設は困難である。また、上山共防、舘野沢共防では、移行を機に個人防除、あるいは複数戸のSS共同利用への移行農家やリンゴ作廃止農家が生じ、参加農家数、登録面積ともに激減している（表3-1）。SS方式の共防のほとんどが受委託型をとるが、第3共防、わい化共防は全戸出役型の組織形態である。第3共防は、集落に最も近い区域を範囲とする集団（図3-2）であるが、この区域は自作地主が個別に開墾した区域である。このため、比較的に規模の

第3章　農家の階層分化進行下における共同防除組織の再編

表3-1　共防組織の加入状況の変化

単位：戸、ha

共防名	設立年	加入農家数			加入面積		
		1982年	2000年	増減	1982年	2000年	増減
第1	54年	81	48	-33	29.2	17.1	-12.1
第2	58年	79	40	-39	32	23.8	-8.2
第3	61年	14	13	-1	9.1	11.3	2.2
町屋敷	67年	20	15	-5	10	6.6	-3.4
鶴ヶ沢	63年	107	76	-31	36.2	33.9	-2.3
舘野沢	63年	161	48	-113	47	16.7	-30.3
上山	64年	92	37	-55	20.2	12.8	-7.4
わい化	83年	-	60	-	-	16.4	-
その他		-	不明	-	21.7	不明	-
合計（不明を除く）		554	337	-277	205.4	138.6	-61.5

注：1）共防組織は属地組織であるので、農家は複数の組織に加入している。
　　2）農家数、面積ともに、共防組織に登録はしているが、個人防除である場合を含まない。
出所：豊田（1982）、青森県『平成12年度広域普及活動のまとめ―リンゴ共防組織再編方向の検討―』、青森県、2001年3月

大きい農家によって構成され、現在でも全戸出役が維持できている。わい化共防は、1983年の共同開墾により成立したわい化団地を範囲として組織化されることから、男子担い手のいる集団となっており、全戸出役が可能となっている。なお、第1共防の定置配管方式部門は、2006年まで全戸出役型の組織形態を取っている。

以上のように、浅瀬石の共防組織は、全員参加型の定置配管方式から、受委託型のSS方式への移行が終了した段階にあり、同時にその過程で多くの個人防除あるいは複数戸によるSS共同利用が生じている。

4．リンゴ作農家の階層分化と防除行動

浅瀬石では農家の階層分化が進行してきているが、農家の防除対応、特に個人防除や共防委託にどのような影響を与えているのであろうか。地区内農家は、経営主農業専従農家で構成される1ha以上層と高齢・女性農家、経営主恒常的勤務兼業農家の1ha未満層に分化している（表3-2）。まず、防除作業の従事状況をみると、1ha以上層では個別防除、共同防除の違いは

表 3-2 農家の共防加入行動

農家番号		リンゴ作規模	経営主の年令と就業	加入状況	オペ出役	加入共防
2ha以上	1	210	65 専従	○		舘野沢、上山
	2	205	55 専従	○	○	第2、わい化
	3	200	57 専従	○	○	鶴ヶ沢、わい化
	4	200	57 専従			
合計		-	-	3 (75%)	2 (67%)	-
1～2ha	5	180	65 専従			第3
	6	174	67 専従	○	○	第1SS
	7	160	51 日雇			
	8	160	65 専従			
	9	140	56 専従			
	10	135	52 日雇			舘野沢、第1
	11	135	56 専従			
	12	130	52 日雇			
	13	130	64 専従			
	14	125	49 専従	○	○	鶴ヶ沢、第1
	15	120	70 専従			
	16	120	73 専従	○	○	第3
	17	100	68 専従	○	○	わい化、第1
合計		-	-	6 (46%)	6 (100%)	-
1ha未満	18	80	49 自営	○		不明
	19	68	47 日雇	○		第1
	20	60	65 専従	○		舘野沢、鶴ヶ沢、上山
	21	60	65 専従（女）	○		舘野沢、鶴ヶ沢
	22	32	84 専従	○		鶴ヶ沢
	23	30	45 常勤	○		鶴ヶ沢、舘野沢
	24	30	48 自営	○		上山、舘野沢
	25	28	54 常勤	○		鶴ヶ沢
	26	28	54 常勤			
	27	27	76 専従	○		第1
	28	23	46 出稼	○		町屋敷
	29	15	53 日雇			
	30	10	46 常勤			
合計		-	-	10 (77%)	-	-

注：加入状況の合計における％表示は各規模階層別農家数に対する加入農家数の割合を示し、オペ出役の合計における％表示は各規模階層別加入農家数に対するオペ出役農家の割合を示す。
出所：高賀野集落調査（2004年）

あるが自ら作業を実施している。これに対し、1ha未満層では作業を共防組織に委託している農家が多い。このように、農家の階層分化は防除作業を実施する農家と実施しない農家への分化をもたらしており、共防組織が受委託型の形態をとらざるを得ない要因となっている。

次に共防組織への加入状況をみると、1ha未満層に対して、1ha以上層

単位：a、歳、戸

共防に加入しない理由・やめた理由	個人防除の内容
りんご園7カ所で4組織にまたがる。参加するとオペするばかりで自分の適期に作業できない。	SS500ℓ 12年間使用。
−	
共防がSSを入れた時にやめた。コストが高い。	SS1,000ℓを2戸で共有
共防のSSは高くつく。	SS1,000ℓを3戸共同
	SS1,000ℓを3戸で10年間使用
共防の方が金がかかる。3カ所3組織に入っていたがオペが大変であった。	SS1,000ℓを8年間使用
出番が多く負担が大きい、天候など無関係	
無駄が多い。	SS600ℓを20年間使用
コストが高い、適期防除できない。	SS600ℓ
−	−
料金が高いのでやめて動噴でまく。	
共防の方が高くつく、手間が省ける	
小規模で動噴散布。共防は高くつく。	動噴
小規模のため加入せず。	中古SS1,000ℓ 11年使用
農地売却で小規模となりやめる。	動噴
	−

の参加率が低い。すなわち、1ha以上のオペレーター層では離脱が多く、委託層では少ないことから、オペレーター層の出役体制に対する不満が推測される。そこで、共防組織に加入しない理由およびやめた理由をみると、1ha以上層では、①オペレーター出役が負担であること、②共防組織は個人防除よりコストがかかることを指摘している。①については、共防組織が属

地型組織であることから、リンゴ園が分散していると複数の共防組織に加入しなくてはならず、しかもそのすべてでオペレーター出役を要請されることにより非常に負担が大きいことが指摘されている。②について、個人防除の状況をみると、タンク容量の小さいSSの所有[3)]、長期利用、複数戸の共同利用、中古機械購入[4)]などによりSS費用を削減しており、共防のコスト高を指摘する理由となっている。換言すれば、離脱農家は単なるSSの適正規模利用による経済効果のみでは満足できず、SSの効率的な導入および利用を実施しているのである。以上のように、オペレーター層の離脱はオペレーター負担の回避とSSの徹底的な活用によるものである。それならば、なぜオペレーターを継続している農家がいるのだろうか。

共防組織のメリットについての意識をみると、まず直接的な経済的誘因である防除費用の削減効果については、2ha以上層を除き評価する農家は少ない（表3-3）。また、オペレーター層にとっての直接的な経済的誘因であ

表3-3 共防組織の効果に対する農家意識

単位：％

共防組織の効果	2ha以上	1～2ha	1ha未満
①産地の最低限の品質管理をはかることができる。	50	60	78
②防除費用が個別防除より安くて済む。	50	10	22
③病虫害の地域的な大発生を防ぐことができる。	75	80	67
④小中規模農家の離農を防ぎ、産地の生産量を維持できる。	50	30	67
⑤オペにとっては作業労賃が重要な所得源となる。	0	10	33
有効回答数	4	10	9

注：規模階層別の有効回答数に対する割合である。
出所：高賀野集落調査（2004年）

表3-4 薬剤散布料金・オペ賃金への意識

単位：％

農家の意識		2ha以上	1～2ha	1ha未満
薬剤散布料金	高い	25		30
	安い			
	適当	25	71	60
	無回答	50	29	10
オペ賃金	高い			10
	安い	50		10
	適当	25	86	40
	無回答	25	14	40

出所：高賀野集落調査（2004年）

るオペレーター労賃は、オペレーター層である1ha以上層で、賃金水準自体は適当とする農家が多いものの（表3-4）、重要な所得源となっていると評価する農家は少ない。オペレーター労賃は各共防組織とも時給1,100円程度であり、男子屋外軽作業賃金に相当しているため「適当」とされることになる。しかし、最大限にオペレーター出役しても総額は6～7万円弱程度であるために、所得源としては評価しないと推測できる。一方、評価する農家が多い項目は、産地の品質管理、病虫害の大発生の抑止、小中農家の離農防止など産地全体の維持管理に関する項目であった。すなわち、共防組織はその直接的な経済性ではなく、産地の維持管理機能として評価されているのである。

以上のように、農家の階層分化は共防組織が受委託型の形態をとることを必然化させている。しかし同時に、オペレーター層の組織離脱を生じさせ、組織基盤を不安定化させていることが指摘できる。

5．共同防除組織の収支構造—受委託型組織を中心に—

受委託組織型のSS方式共防組織として第2共防を取り上げ、豊田（1982）の研究と比較しつつ検討する。また必要に応じ、全戸出役型のSS方式の共防組織である第3共防のデータと比較し、第2共防の収支構造の特徴を検討する。

第2共防はかつて定置配管方式であったが、その後SS方式に移行し、2004年度では登録面積31.3ha（うち薬剤散布面積22ha、個人防除9.3ha）、登録農家40戸（うち個人防除13戸）、所有SSは4台である。登録面積と薬剤散布面積が異なるのは、個人防除の場合も、共防組織に登録していないと防除用水を利用できないためである。そして登録者は、一般管理費に相当する運転資金を支払うとともに、共防を通じて農薬を購入しなければならないという制約を受ける。また、比較的多数の農家で構成される第2共防は高齢農家、女性農家を多く抱えるため、専門のオペレーターがいる。1979年度では、各

表3-5　第2共防組合の収入の2時点間比較

1979年（定置配管方式）				
項目		総金額	10a当たり金額	総計に占める割合
繰越金		447,949	1,325	2.4
農家負担金	農薬代（オペ賃含）	15,099,805	44,674	81.2
	電気料	346,604	1,025	1.9
	個人資材	135,150	400	0.7
	運転資金	747,096	2,210	4.0
	総会費	76,000	225	0.4
	諸掛費	561,170	1,660	3.0
	合計	16,965,825	50,195	91.2
雑収入（利子等）	貯金利子	4,566	14	0.0
	農薬代利息	428,459	1,268	2.3
	合計	433,025	1,281	2.3
農協奨励金		757,453	2,241	4.1
総計		18,604,252	55,042	100.0

出所：豊田（1982）、第2共防平成16年度総会資料

戸が自分の園地を散布し、登録面積と共防散布面積にズレは生じていないため、総会費が戸数割りで徴収される以外は登録面積割りで徴収するという運営方式であった。また、自分の園地に出役する際も出役労賃が支払われていたことから、ほぼ完全な平等負担平等分配方式であった。しかし、2004年度のSS方式のもとでは、防除作業の出役は専任のオペレーターに限られ、また個別防除の増加のため登録面積と共防散布面積にズレが生じていることから以下のような運営方式となっている。組合の収入は農家負担金、貯金利子、農協奨励金により構成される（表3-5）。農協奨励金とは、農協が業者に対抗するために共防に還元する農薬の販売促進のための払戻金であり、農協から購入した農薬の料金が一定の比率で組合に払い戻されている。農家負担金のうち、運転資金、農薬費は登録面積割で、燃料費、積立金は共防組合オペレーター散布面積割で、総会費は戸数割で徴収される。オペレーター賃金は、農薬散布1000ℓ当たりオペレーター農家より1,000円、非オペレーター農家より1,700円徴収し、それをオペレーターの人数で割って支払う。そのため噴霧ノズルの細い春は散布量が少ないことから換算時給は安くなり、太い夏は散布量が多くなることから換算時給は高くなる。散布は年間10回あり、換算時給で最も低いのは第1回散布時の803円、最も高いのは第8回散布時の

第3章　農家の階層分化進行下における共同防除組織の再編　　79

単位：円、％

項目		2004年（SS方式）			割合の差し引きポイント
		総金額	10a当たり金額	総計に占める割合	
繰越金		757,736	3,444	3.6	1.2
農家負担金	農薬費	15,226,823	48,648	73.0	
	燃料費	159,337	724	0.8	
	積立金	460,800	2,095	2.2	
	運転資金	1,534,100	4,901	7.4	
	総会費	53,000	241	0.3	
	オペ賃金	811,769	3,690	3.9	
	合計	18,245,829	56,368	87.4	-3.8
雑収入（利子等）		196,265	892	0.9	
	合計	196,265	892	0.9	-1.4
農協奨励金		1,667,042	5,326	8.0	3.9
総計		20,866,872	69,961	100.0	

1,371円、年間平均では1,148円である。オペレーター賃金は別会計で、総額で811,769円である。

収入の構成割合の変化をみると、農家負担金が3.8ポイント低下しているのに対し、農協奨励金が3.9ポイント上昇していることに注目される。農協奨励金の上昇は、業者との農薬販売競争の激化により、農協が払戻比率を引き上げたためである。その結果、収入面において、農協奨励金に依存する比重が高くなっている。

次に、費用の構成割合の変化であるが（表3-6）、繰越金および農家への返還金を除くと、低下しているのは、農薬費（マイナス3.4ポイント）、負担金（マイナス0.8ポイント）である。上昇しているのは、機械費（3.3ポイント）、労働費（1.3ポイント）、税金・共済（1.3ポイント）、技術習得費（1.1ポイント）である。機械費の上昇は、SSの修理費である機械整備費の上昇と、SS購入のための積立金発生のためである。労働費の上昇は、SSのオペレーター賃金発生のためである。税金・共済の上昇は、オペレーターの労災保険およびSS自体の保険の発生のためである。技術習得費の上昇は、オペレーターの慰労の意味が含まれる費用である旅費日当、研修費の増加のためである。つまり、定置配管方式からSS方式への変更に伴う技術的な費用と、全員参加

表3-6　第2共防組合の費用の2時点間比較

1979年（定置配管方式）				
項目		総金額	10a当たり金額	総計に占める割合
農薬費		14,543,210	43,027	78.2
機械費	機械整備費	632,683	1,872	3.4
	電気料	346,604	1,025	1.9
				0.0
	合計	979,287	2,897	5.3
労働費	人夫賃	544,125	1,610	2.9
	時間外人夫賃	35,160	104	0.2
	特別職手当	100,000	296	0.5
	合計	679,285	2,010	3.7
税金・共済	固定資産税	2,190	6	0.0
	共済保険料	48,570	144	0.3
	合計	50,760	150	0.3
技術習得費	旅行交通費	75,860	224	0.4
	技術改善費	205,400	608	1.1
	組合長研修費	45,000	133	0.2
				0.0
	合計	326,260	965	1.8
事務費	会議費	113,444	336	0.6
	事務費	103,000	305	0.6
	交際費慶弔費	37,000	109	0.2
	消耗品費	6,800	20	0.0
	備品費	5,500	16	0.0
	総会費	150,000	444	0.8
	合計	415,744	1,230	2.2
役員報酬		130,000	385	0.7
負担金	揚水運転資金	135,200	400	0.7
	連合会負担金	311,800	922	1.7
	揚水償還金	253,540	750	1.4
	合計	700,540	2,073	3.8
返還金	農薬代利息返還	428,459	1,268	2.3
次期繰越金		350,707	1,038	1.9
総計		18,604,252	55,042	100.0

注：10a当たり費用の総計は、母数の異なる各費用の積み上げのため、表3-5と比して多少の誤差が生じる。
出所：豊田（1982）、第2共防平成16年度総会資料

方式から専任オペレーター方式への変更に伴う関係諸費用が、主な上昇費目なのである。このうち、組合が意識的に増額させてきているのが、賃金を除くオペレーター関係費用である。

　組合がこのような行動を意識的にとるのは、オペレーターの離脱を防ぐためである。オペレーターへの経済的誘引のうち賃金は前述の通りである。年平均の換算時給は、地域の一般作業賃金（青森県男性屋外軽作業員賃金1,152円、厚生労働省「2002年度屋外労働者職種別賃金調査」）と比較しても

第3章　農家の階層分化進行下における共同防除組織の再編　81

単位：円、％

2004年（SS方式）							割合の差し引きポイント
項目		総金額	10a当たり金額	母数	総計に占める割合		
農薬費		15,605,106	49,857	313a	74.8		-3.4
機械費	機械整備	1,167,563	5,307		5.6		
	燃料費	159,337	724	220a	0.8		
	積立金	460,800	2,095		2.2		
	合計	1,787,700	8,126		8.6		3.3
労働費	人夫賃	87,560	398		0.4		
	特別職手当	125,000	568	220a	0.6		
	オペ賃金	811,769	3,690		3.9		
	合計	1,024,329	4,656		4.9		1.3
税金・共済	公租公課	13,000	59		0.1		
	共済保険金	322,067	1,464	220a	1.5		
	合計	335,067	1,523		1.6		1.3
技術習得費	旅費日当	212,000	677		1.0		
	技術改善費	178,165	569		0.9		
	組合長研修	48,000	153	313a	0.2		
	研修費	150,000	479		0.7		
	合計	588,165	1,879		2.8		1.1
事務費	会議費	171,365	547		0.8		
	事務費	114,240	365		0.5		
	電気料	9,232	29		0.0		
	交際費	30,000	96	313a	0.1		
	総会費	150,000	479		0.7		
	合計	474,837	1,517		2.3		0.0
役員報酬		170,000	773	220a	0.8		0.1
負担金	揚水運転資金	410,540	1,312		2.0		
	負担金	207,374	663	313a	1.0		
	合計	617,914	1,974		3.0		-0.8
返還金	農協奨励金	238,189	761	313a	1.1		-1.2
次期繰越金		25,565	82	313a	0.1		-1.8
総計		20,866,872	71,147		100.0		

遜色ない。しかし防除作業は、夏の炎天下で実施される厳しい労働であることに加え、多くが摘花・摘果作業の時期と重なることから（表3-7）、その代償としての賃金水準の評価は低く、その結果「ボランティアのようなもの」（前組合長）と認識される。ところがリンゴ所得が低く、かつ農外所得も低水準である現状[5]では、オペレーター賃金を増加させる合意を得るのは極めて難しい。それゆえ、オペレーターの慰労のための対策を講じているが、リンゴ所得が低位で徴収金の増額も容易でないため、原資を農協奨励金に求

表3-7 黒石市の年間防除歴

散布日	散布薬剤	同時期の主要な作業
4/25、26	ベフラン1000倍、サイハロン2000倍	
5/6、8	アンビル1000倍、ファイブスター2000倍、トップジンM1000倍	
5/18、19	スコアMZ500倍、ファイブスター2000倍、カネマイト1000倍	受粉・摘花
6/1、2	スペックス600倍、ダーズバン1000倍	摘果
6/15/16	ユニックスZ500倍、スプラサイド1500倍	摘果
6/29	ドキリンフロアブル1000倍、テルスター1000倍、マイトコーネ1000倍	摘果
7/15、16	アントラコール顆粒500倍、モスピラン4000倍	徒長枝剪去
7/30、31	フリント2000倍、トップジンM1500倍、スプラサイド1500倍	支柱入れ
8/15、16	ダーズバン1000倍、ベフラン1500倍、オマイト750倍	徒長枝剪去
8/29	ストロビーDF3000倍、ロディー1000倍	除袋

出所:第2共防平成16年度総会資料

表3-8 費用および農協依存比率の共同防除組織間比較

単位:円、%

	1979年		2004年	
	第2共防 定置配管	第3共防 SS	第2共防 SS	第3共防 SS
費用総額①	17,825,086	5,693,307	20,603,118	7,062,506
10a 当たり	52,737	(62,564)	71,147	(62,445) 注3
うち農薬費	14,543,210	3,965,651	15,605,106	4,596,049
10a 当たり	43,027	43,579	49,857	40,637
うち機械・施設購入関係費	-	710,754	460,800	1,518,378
10a 当たり	-	7,810	2,095	13,425
うち機械・施設修理及動力費	979,287	365,310	1,326,900	182,700
10a 当たり	2,897	4,014	6,031	1,615
うち労働費	679,285	(-)	1,024,329	(35,000) 注3
10a 当たり	2,010	(-)	4,656	(309) 注3
うち管理費用	1,623,304	651,592	2,185,983	730,379
10a 当たり	4,803	7,160	7,666	6,458
労働費を除いた費用総額	17,145,801	5,693,307	19,578,789	7,027,506
10a 当たり	50,727	62,564	66,491	62,136
農協奨励金のうち共防徴収額②	757,453	194,723	1,428,853	192,851
10a 当たり	2,241	2,140	4,565	1,705
農協奨励金のうち返還額	-	-	238,189	300,000
10a 当たり			761	2,653
農協奨励金依存比率②/①	4.2	3.4	6.9	2.7

注: 1) 第2共防の農協奨励金の返還は個別防除分(9.3ha)のみである.
2) 本来費用ではない繰越金、返還金は費用総額から除いた
3) 第3共防は散布作業の費用(=労働費)を収支決算書に計上していない.
出所:豊田(1982)、第2共防および第3共防平成16年度総会資料

表3-9 リンゴ粗収益に対する防除費のウェイト

	1979年	2004年
A リンゴ粗収益（千円）	471	357
B 防除費（円）	55,042	71,147
B／A	12	20

注：1979年のリンゴ粗収益は昭和54年度果実生産費統計の青森県平均値、2004年は平成16年度品目別統計の青森県平均値である。防除費については、第2共防の実績値を用いた。

めている。費用総額からみた農協奨励金依存度比率は、1979年の4.2％に対し、2004年度は6.9％と2.7ポイント上昇している（表3-8）。これは第3共防が、同じく3.4％から2.7％へ0.7ポイント低下させたこととは対照的な動きである。また、農協奨励金は本来、個々の農家に返還されるべきであるが、各共防とも運営資金を差し引いてから農家に返還している。第2共防では、共防により農薬を散布している農家の農協奨励金はすべて接収している。そればかりか、共防を通じて農薬を購入しなければならない個別散布の登録農家分の農協奨励金のうち、共防連負担金を除いた半分を接収している。このため、農協奨励金総額に対する返還金割合は14％となっている。それに対し、第3共防では、農協奨励金総額の61％、300,000円（10a当たり2,653円）を、個々の農家に返還している。このように、第2共防が運営費用を農家からの直接の負担金ではなく、農協奨励金を天引きして活用するのは、第2章で分析したような厳しい農家経済条件の中で、粗収益に対する防除費の割合が高くなっていること（表3-9）、そのため表3-2でも見られたように農家が共防費に敏感になっていることが背景にあると考えられる。

以上のことから、受委託型共防組織は、オペレーターに対して十分な賃金水準を用意できず、かつ増大する運営費の追加負担を農家に直接求めにくい状況となっていることが指摘できる。

6. 農家の階層分化の進行と共同防除組織の再編論理

1) 農家の階層分化進行下における属地型共同防除組織の組織形態

　属地型共同防除組織の組織形態は、第1に経営主農業専従的農家群によるSS方式の全戸出役型共防組織、第2に全階層農家による定置配管方式の全戸出役型共防組織、第3に全階層農家によるSS方式の受委託型共防組織に限定される。農家の階層分化が進行すると、下層農家は労働力基盤の弱体化から防除委託農家となり、受委託型組織が一般化する。組織は下層農家の維持条件となっており、農家の分解を抑止している。稲作生産組織でみられるような展開方向を取らずにこのような展開となるのは、リンゴ作における防除の困難性・高リスク性、他の作業に対して防除は機械化が進行しているという技術体系のアンバランス、リンゴ作における固定的な土地利用など、展開方向を制限する技術的な特殊性が存在するからである。

2) 属地型共同防除組織の自立性

　上層農家は共防から離脱する農家と残る農家に二分されている。離脱農家はオペ負担を忌避し、個別で徹底的なSSの活用によりコスト削減に努めている。共防に残る農家も、コスト削減やオペレーター賃金など個別経営経済面では組織を評価していない。受委託型組織は、オペレーターの満足する賃金水準が確保できないかわりに、オペレーターへの対策措置を図っている。リンゴ収益の減少、農外収入の減少の中で費用負担を直接農家に求めるのは難しくなっており、農協からの還付金などを活用している。一方、そのような管理費用のかからないSS方式の全戸出役型組織は、農協奨励金への依存度が低下し、収支構造の面では自立性を高めている。それゆえ、労働力基盤が脆弱になり、防除を委託せざるを得ない農家を排除しつつ同質性を確保して展開する方向、すなわち属地型組織から属人型組織に向かう要素はある。しかし、次に指摘する下層農家の意義付けから、そのような再編が一般化す

ることはないだろう。

3）属地型共同防除組織の再編論理

　個別経営経済的には組織を評価していないにもかかわらず上層農家が共防に残存するのは、共防組織の産地維持機能を評価しているためである。これは上層農家が下層農家を生産の担い手として容認していることから生じる評価である。そのことは、産地において下層の占める比率が高いこと、下層が有袋栽培を担っているため、産地維持の観点から評価される。一方、共防組織には、防除技術普及的意義以上に、産地の農薬管理の拠点となり消費者、小売店への安心・安全を担保するという共販戦略的意義が強化されはじめており、このような動きと上層農家の残存は、共販を維持し、発展させるという論理でつながる要素がある。その中でオペレーターの出役は、産地として共益的に評価すべきであろう。現在、組織維持のカギとなっている農協奨励金は、農薬の販促のために支出されているが、共販を維持するという観点から支出すべきであろう。これらのことは、共防組織、共防体制を共販により取り込んでいく再編方向といえる。

7．おわりに

　本章では、属地型共防組織を対象に、リンゴ防除の作業特質から共防組織の展開方向に制限があることを指摘し、その中で、農家の階層分化により受委託型組織が一般化しつつあること、しかしながら、受委託型組織が収支構造的には自立性が低下していること、共販により取り込んでいく再編方向が見込まれること等を明らかにした。2006年に、いわゆるポジティブリスト制が施行されたことから、共防の共販面での意義はますます高まるであろう。これらの点は共販の観点からも検討する必要があるが、それについては第6章で言及する。

注
1) 受託主体を再編方向とした文献として、今村（1976）、大原（1985）（特に10章）、香川（2003）等がある。受託組織を経由して個別経営に分解するとした文献として、西尾（1975）。
2) 黒石市農協営農指導員によると、SSが10a当たり4〜5万円に対し、定置式は同7〜8万円である。近年の定置配管方式の費用を資料で確認することは難しいが、たとえばSS方式の第2共防では10a当たり49,857円（第2共防2004年度総会資料）、第3共防では同40,637円（第3共防2004年度総会資料）に対し、定置配管方式とSS方式を併用している第1共防では同59,521円（第1共防2002年度総会資料）となっており、定置配管方式の費用増大が推察される。
3) 当地域で導入数の多い丸山製作所のSS価格は、タンク容量500ℓで187万〜386万円、600ℓで355万〜599万円、1000ℓは439万〜777万円である。ただし、農協営農指導員によると実際の購入価格は定価の8割程度である。これに対し、オペレーターの作業性を優先する共防は、概して最高ランクのSSを購入する傾向がある。たとえば、2005年に第2共防が更新したSSは丸山製作所製で800万円（うち県及び市の補助が190万9千円）、第3共防が2003年度に更新したSSは808万円（補助金なし）である。
4) 農協営農指導員によると、1000ℓのSSの中古価格は200〜250万円程度である。
5) 高賀野集落のリンゴ作1ha未満層の平均農業所得の試算は51万円、1日当たり農業所得の試算は1,859円。

第4章　リンゴ作の技術的特質と剪定集団

1．はじめに

　リンゴは頂部優勢の性質が強い多年生作物であることから、労働過程には手作業が多く、かつ剪定作業には技能が必要となる。頂部優勢とは木が上に伸びる性質のことであり、これを放置すると樹の中・下部に果実や葉が着生しなくなる。そこで剪定が必要となるが、本来の力を押さえ込むことになるため樹の反発が強く生じ抑制がきかなくなる。このため、リンゴのような頂部優勢が強い樹種ほど剪定の技能性は高くなるのである。この「技能」の普及組織として、リンゴ作では他の作目・樹種に類をみない強固な農民組織が発達してきている。リンゴ作の技術発達史を繙くと、大正年間に島善隣らの試験場研究者と外崎嘉七らの農民指導者の協力のもと、現在の労働集約的技術体系の原型が成立するが、こと剪定は農民指導者が主導している。第2次大戦後になると、青森県りんご協会を中心とする農民団体、あるいは農業者個々の師弟関係などが、剪定技術普及の主導的役割を果たしてきている。特にりんご協会については、豊田が団体論的な立場から詳細な分析をしている（豊田1986）。

　ところで、果樹生産力構造の特質は技能的集約性にあるとされるが、中でも剪定は技能技術の根幹で、家族協業の中で世帯主および後継者が担うとされている（豊田1990）。つまり、剪定は家族協業の中で完結することが念頭におかれ、その技術的重要性にもかかわらず、共同防除組織が展開する防除作業などとは異なり、地域農業の組織化、あるいは再編の際の論点にはされていない[1]。しかし、これまでも剪定技能継承は農民により組織的に継承さ

れてきている。かつ、第2章で分析したとおり、生産者の高齢化や若年層担い手の減少により、家族協業体制が弱体化したことから、小規模零細層の多くが剪定委託をしているばかりか、後継世代への剪定技術の継承も問題として浮上しており、重要性は増している。

剪定を地域農業の組織化、あるいは再編の文脈で考えるならば、具体的な検討対象となるのは各地域に存在する剪定集団である。剪定集団とは、剪定技術の高度技能者である師匠と、師匠の園地に通い剪定技術の指導を受ける弟子とで形成される集団である。しかしその実態はほとんど知られていない。そこで、最大産地である青森県で展開する剪定集団を事例に、剪定技術の継承、剪定請負など、その活動実態を明らかにしながら、これまでのりんご協会を中心とする団体論的分析と結合させるとともに、地域農業組織としての役割と課題を示すことが本章の目的である。課題へのアプローチとして、第1に、主題となる剪定技術の重要性について検討する。第2に、りんご協会の性格と剪定技術普及に対して果たした役割について、先行研究に基づいて整理する。第3に、剪定集団の活動実態と機能について分析する。第4に、地域農業における剪定集団の課題と対応方策について検討する。

2．剪定技術の重要性

まず剪定技術の生産力における重要性や習得の難しさの技術的要因について整理する。

1）剪定技術と生産力

豊田（1990）は剪定の重要性について、「リンゴの10a当たり収量は、〔1果実当たり重量〕×〔1樹当たり着果数〕×〔10a当たり植栽本数〕×〔樹冠占有率〕の積で表現されるが、剪定技能水準がこれらの収量要因を大きく左右する」と述べている。樹冠占有率自体は収量の構成要素ではないので、実際には〔1果実当たり重量〕×〔1樹当たり着果数〕×〔10a当たり植栽

本数〕が算式であるが、いずれにせよやや具体性に欠けるので、果樹栽培生理学では一般的な視点である樹体内養分の観点から検討する[2]。リンゴの樹は、樹体内に養分を蓄積し、それを枝幹や葉や実などの物質生産に転化する機能をもつ（図4-1）。樹体内養分は光合成による同化養分、土壌から吸収する無機養分、昨年の養分の残りである貯蔵養分から形成される（横田 1985）。光合成は葉面積と受光係数によって規定される[3]が、どちらも主に剪定により制御される。無機養分は、土壌中養分と吸収率によって規定される[4]が、これらは主に施肥によって制御される。それゆえ、当該年の樹体内養分蓄積は剪定と施肥により制御されるといってよい。特に光合成は植物生産にとって基幹となる機能であり、収量に直接的に反映する（浅田 1988b）。

それでは実際どのくらいの収量差が生じるのであろうか。浅田（1988a）は県下の優良園27園を1985年から3年間にわたって調査しているが、調査対象園の収量は地域の平均収量に対して2.57倍である。地域のデータには欠木も含まれるため実際にはこの差は圧縮するが、欠木率を多めに3割見積もっ

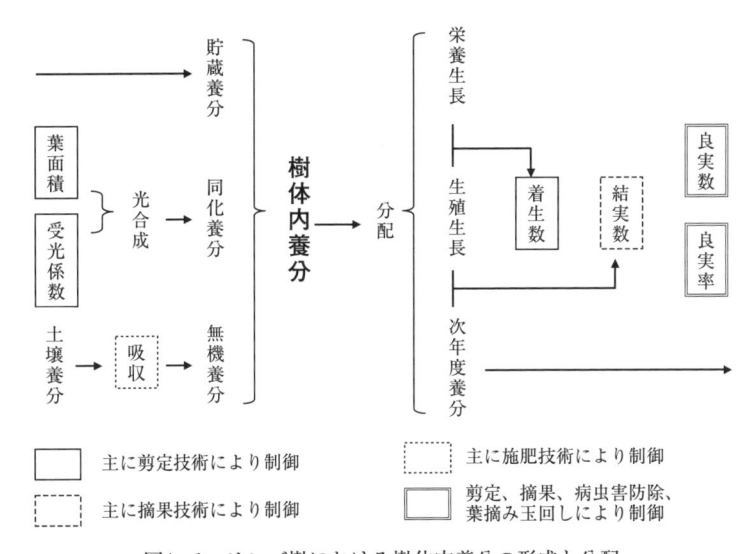

図4-1　リンゴ樹における樹体内養分の形成と分配

注：横田（1985）、平野（1989）を参考に作成した。

たとしても[5] 1.80倍で差は大きい。この残る差は剪定と施肥による。青森県りんご試験場が1928年から1963年まで33年間継続調査した結果によると（一木 1984）、3要素施肥区に対して無施肥区の収量は26％減程度である。実際には標準施肥量に基づく施肥がなされているので、施肥による大きな差はないと推測できる。それゆえ、剪定技術の差が大きいと考えられる。つまり、剪定は樹冠占有率などを制御して光合成の総量を高め、〔1樹当たり着果数〕を増やす。そして、栄養成長と生殖成長の分配を制御して〔1果実当たり重量〕を増やすのである。このように剪定はリンゴの生産力形成において重要な技術である。

2）剪定技術の習得

剪定技術の特徴として、習得期間が長いこともあげられる。リンゴでは、実をならす枝を作ることや、枝を更新することを目的に剪定するが、枝ごとに性質が異なるため、同じ作用を施しても異なる結果が生じることがあり、それを見極めるために経験が必要となる。枝は主幹から実際に実のつく結果枝まで階層性をもつが、結果枝のつく結果母枝（成り枝）の育成が重要とされ、それは5～6年枝を用いる（表4-1）ことから、習得する目安は5～6年とされる。親など鋸を使う指導者がいる限りは、これで一応の剪定が可能となる。しかし、指導者がいない場合は、鋸を用いる剪定も必要となる。亜主枝や主枝は通常切らないため、結果母枝や母枝群を剪定できれば1人で剪定可能である。大枝の剪定は木のバランスを大きく崩すため難度が高く、予備枝や牽制枝の配置などの予備的操作が求められる。枝数も少なく、切ることがまれなため、経験を積むには他の人のもとに通わなくてはならない。

また、他の人のもとに通うというのは、その人独特の技術を身につけるという要素もある。例えば、生前は多数の弟子を抱え、今なお大きな影響力を持つ斉藤昌美の剪定は「玉簾」方式と呼ばれる（塩崎 1986）。青森県一般の剪定指導（表4-2）と比較すると、極めて動態的な剪定法である。その技術のポイントとなる側枝はおよそ12～13年で切り返すため、「玉簾」を習得す

表4−1 枝種と枝齢、使用用具の関係

枝の種類	枝齢	使用用具
発育枝	2年生	鋏
結果枝	3〜4年生	
結果母枝	5〜6年生	鋸
結果母枝群	8〜11年生	
亜主枝	永久枝	
主枝	永久枝	

出所：小原（1984）

表4−2 青森県における一般的な剪定法の概要

枝の選択	・短果枝か中果枝の副梢の状態で斜め上向きの枝
成り枝の構造及び枝量	・主軸となる枝に対して60度くらいの角度で、枝の先端から見れば放射状に出るように配置する
成り枝の制御	・完成した成り枝は長く保持するように割りや切り上げを随時入れる ・大きな枝に育成させたいときは、切り返しを強く、成り枝として利用するときは無剪定にするか弱い切り返し
不良枝の考え方	・主軸と競合する共枝、車枝、方向の誤った枝、主軸から垂直に発出した直立枝、上から主軸に覆い被さるような重なり枝、衰弱した下垂枝
亜主枝の更新	・主枝、亜主枝は原則として更新しない
枝の更新	・成り枝が下垂し、衰弱がひどくなったら更新する

注：小原（1984）

るには少なくともこれだけの期間が必要とされる。

3）剪定技術の技能性

　習得にも係わることであるが、剪定技術の大きな特徴は、熟練が必要な技能であることである。その要因について、作業に用いる論理、労働対象、作業技法、外部条件などの点から検討を試みる（表4−3）。データなどは津川編（1984）を素材に「用語」に注目し、文章に表れてくる「用語」を作業ごとに集計する。なお本著は、総合的なリンゴ栽培書としては『果樹全書「リンゴ」（1985）』と並び一つの到達点であり、これ以降、リンゴ栽培の全分野を網羅するような栽培書は出版されていない。

　①一つの作業に含まれる論理の多いこと

　枝一つ切るにも、剪定技術には多くの論理が係わってくる。小原（1984）

表4-3　各リンゴ作業の特徴

単位：件

	作業論理	労働対象用語	作業技法	外部条件
剪定	11	57	13	5
摘花摘果	1	16	2	2
葉摘み玉回し	1	3	1	0
収穫	1	8	1	2
施肥	3	17	3	2
病虫害防除	5	118	3	0

注：津川編（1984）の記述をもとに作成。津川編は1984年出版のため、薬剤などでは新薬や失効薬が生じているが、作業間の比較に当たり、統一性を重視して本文献を用いた。

によると、それには幹長と生育、分枝角度と裂開性、頂部優勢性、CN率、TR率、結果習性、養水分の通路、葉序、枝の下降、癒合組織などがある。これに対し、摘果、葉摘み・玉回し、収穫作業は結果習性のみである。論理が多ければ多いほどそれぞれが相互作用し、判断項目が極めて多くなることから、剪定では総合的に樹の状態を評価しながら作業することとなる。

②労働対象の種類が多いこと

労働対象用語が多ければそれだけ判断項目の増加につながる。剪定作業の労働対象用語はおおよそ57ある。これに対し、摘花（摘果）作業は16、摘葉作業は3、収穫作業は8である。病虫害防除は最も多く118に達する。

③作業の技法が多いこと

作業の技法が多いことも判断項目の増加につながる。剪定作業は技法が13あるのに対し、摘花・摘果は2、葉摘み・玉回し、収穫はそれぞれ1、施肥は3、病虫害防除は3である。

④作業に及ぼす外部条件の多いこと

作業が外部条件、たとえば温度、降雨、降雪、風などの気象条件や土壌条件、品種などによりやり方が違う場合、一つ一つの作業にかかる判断要素は上述の論理や労働対象、技法などに積算されその数は膨大となる。剪定では樹齢、品種（主要なもので10種程度）、気象（温度、降雨、降雪、降霜、風）、土地（土壌性質、傾斜、向き）、栽培法（有袋、無袋）などが係わってくる。摘果は品種と栽培法、葉摘みは栽培法、収穫は品種と栽培法、施肥は樹勢と

土壌性質が係わる。病虫害防除はその発生要因はともかく防除に関しては、土地や栽植様式などが係わる。

⑤作業判断を外部へ代替できないこと

たとえ判断が難しい作業でも、その判断を農協や普及センターなど指導機関に委ねることができれば、困難性は低下する。例えば、施肥は地域により標準施肥量が農協などから示され、営農指導員などに相談すれば、細かく個々の園地の施肥量がわかる。病虫害防除は労働対象の種類が極めて多く、知識として全てを網羅しようとすれば難解な作業であるが、通常は各県が提供した資料を基に農協単位で防除暦が作成され、それに従って散布すれば難解な作業ではない。これに対し剪定は作業場面ごとに作業判断が求められる。

このように剪定技術は、作業論理、労働対象の種類、技法、作業に影響を与える外部条件すべてにおいて多く、判断項目の数は膨大である。かつその判断は外部機関に委ねることができない。それゆえ、判断が総合的で感覚的となり、習得には経験が必要となる。

以上のように、剪定技術は生産力の根幹であるにもかかわらず、習得が難しくかつ習得期間が長期にわたることを特徴とする。そのため、剪定集団やりんご協会など剪定に係わる独特の農民組織を生む要因となり、剪定作業の充足は地域農業の大きな問題ともなる。

3．りんご協会と剪定技術普及

わが国の農業技術は、通常、国立農業試験場―公立農業試験場―農業改良普及機関という経路で地域まで達し、その先は生産組織や農協の部会組織など地域の集団的展開に従って普及する。これに対し、リンゴの剪定技術は上述のような性質から、研究開発すら研究機関が主体となっていないため、公的機関による普及ルートが成立していない。公的機関に代わり、農民の間で継承されてきた技術をすくい上げながら、それを農民全体に普及させている主体がりんご協会である。

りんご協会は、戦後荒廃したリンゴ産業の復興・発展および農村民主化を目的として1946年に設立された。豊田（1986）によると、①生産者の自主的団体、②産地商人団体、③地主的官僚的農業団体の「結節環」に位置するように成立したとされている。しかし設立以後は、産地商人団体、地主的官僚的農業団体の性格は脱落し、生産者の自主的団体として、リンゴ産業の発展および農村民主化に大きな役割を果たしてきた。このような実績から、りんご協会の性格を、的場は「抵抗団体」（青森県りんご協会 1996）と評価し、豊田（1986）は「農民教育・農村民主化団体」と評価した。

　ところで、りんご協会は総合的な農民教育を実践してきたのではあるが、その入口で農民を引きつけたのは、1961年より始まった「剪定教育」であった。20年史（青森県りんご協会 1969）によると、この時期は共同防除組織推進の機能が系統組織に移行したこともあり、りんご協会でなければできない指導として剪定指導が取り上げられたとある。そこでりんご協会役職員及び関係生産者などすぐれた剪定技術者を講師として剪定会を各地で開催したところ、参集人員はそれまでの3倍となったという。

　その後の剪定の教育・指導には二つの系統がある。一つは支会の巡回指導である。りんご協会は集落を範囲として設けられる支会組織とそれを束ねる本会の2階建ての組織構造となっている。本会は役員と職員によって構成されており、2月に分担して全支会を巡回し、剪定会（講習会）を実施する（青森県りんご協会 2004）。もう一つは本会に設けた諸講座である。技量やリンゴ農民としてのキャリアに応じて、本会には各種の教育講座が設けられている。それを受講することによって、農民は巡回指導よりもはるかに濃密な指導を受けることができる。

　以上のように、りんご協会は青森県のリンゴ産業や剪定の普及において極めて重要な役割を果たしている。一方、地域農業とのかかわりからみると、既往研究やりんご協会史では不明な点が多い。特に、りんご協会を主導してきた役員の出自や剪定会の講師の出自などは協会の成立構造として極めて重要であるが不明な点である。しかし、生産者の自主団体である「行啓記念碑

保存会」[6]がりんご協会の母体の一つとなったことを考慮すると、役員の出自は剪定集団ではないかと思われる。

4. 剪定集団の実態と地域農業における役割

　剪定は生産力上重要な技術であるが、巧拙の差が大きい上、技術習得が難しいという性格をもつ。それゆえ、リンゴ農民の中でも向上心の強い者は技巧者のもとに「弟子入り」して園地に通う。このような師匠と弟子によって構成される集団を剪定集団と呼ぶ。

　剪定技術には地域性があり、剪定集団もおおよそ旧村（明治合併村）レベルを範囲に成立している。しかし、その系譜を辿れば最初の剪定指導者である外崎嘉七に行き着く。このように剪定集団は地域性と歴史性を併せもつ集団である。ここでは、リンゴ剪定技術研究会の機関誌「剪定」[7]で掲載された代表的な剪定集団を4集団とりあげ、青森県りんご協会とのつながり、および地域農業における役割を検討する。

　事例としたのは、①黒石市浅瀬石地区黒石剪定会、②弘前市相馬紙漉沢地区N集団、③弘前市相馬湯口地区Y集団、④弘前市一野渡地区S集団という4集団である。リンゴの中心地帯である「中弘南黒」地域にあり、内訳は中弘地区3集団、南黒地区1集団である。4集団の内、黒石剪定会とN集団は剪定請負を行っている（図4-2）。Y集団とS集団は、いずれも斉藤昌美の系譜に属する。また、これらの集団の多くは、大正、昭和初期の共有地開墾によって成立したリンゴ自作農民のうち、外崎嘉七あるいはその弟子に指導を受け、居住地の地域的な指導者となった者を起源としている。

　また、剪定集団の構成員は、少なくとも農業専従的である必要がある。農家としては経営主専従的農家である。例えば、事例の一つ黒石剪定会のある黒石市浅瀬石地区の高賀野集落における剪定集団の参加者は4人いるが、全員1ha以上の経営主専従的農家である。

```
                        外崎嘉七
                       (1859-1924)
         ┌──────────────┼──────────────┐
         ↓              ↓              ↓
   後藤福次郎等      対馬竹五郎      借子奉公農民ら
   (1889-1952年)    (1884-1971年)
         ↓              ↓              ↓
     工藤金蔵        成田峯雄         斉藤昌美
   (1926-2000年)   (1891-1974年)   (1918-1991年)
         ↓                     ↑
     工藤平蔵              斉藤喜代蔵
   (1929-2009年)
         ↓              ↓         ↓         ↓
     黒石剪定会        N集団      Y集団      S集団
     黒石市浅瀬石   弘前市相馬紙漉沢 弘前市相馬湯口 弘前市一野渡
                    └────┬────┘
                     剪定請負集団
```

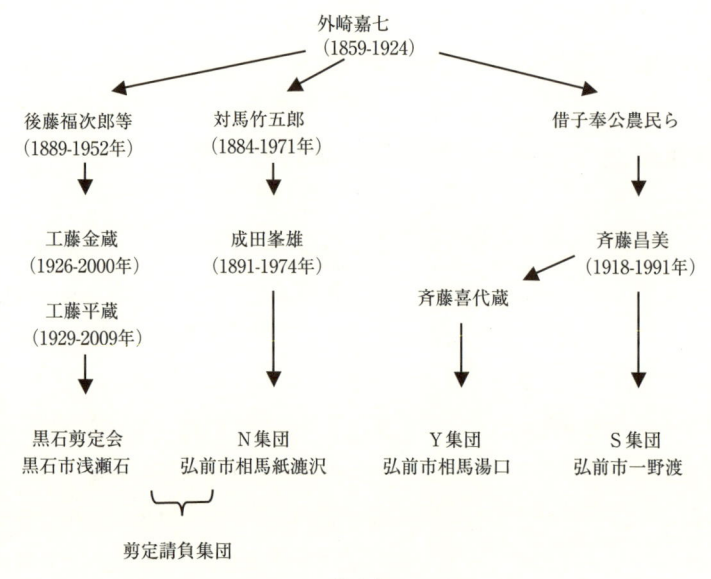

図4-2 剪定集団の系譜
出所：剪定集団代表聞き取り調査

1）りんご協会との関係

　剪定集団の加入者は支会長や本会の役員になる者が多い（表4-4）。特に本会役員（理事、評議員）は支会長の3分の1ほどの人数（1998年より評議員が廃止されるためそれ以後は6分の1）のため比率が高いといえる。本会役員は有力な支会から選出されるが、ここでとりあげた剪定集団の属する4支会、浅瀬石、紙漉沢、湯口、一野渡はいずれも代表的な有力支会である。特に、浅瀬石、一野渡は所属人員も多く、役員もほぼ毎年出している。一野渡ではS集団の起源である斉藤昌美が本会役員になって以降、支会選出役員の半分以上を斉藤昌美の師弟で占め、浅瀬石では、黒石剪定会の創始者の1人である工藤金蔵が本会役員になって以降、すべて黒石剪定会から本会役員を出している。以上のように、剪定集団は支会の指導層であるとともに、本会役員の主たる供給源である。このため、りんご協会からみると、剪定集団

表4-4 剪定集団員のリンゴ役員就任状況

単位：人、年

		黒石剪定会	N集団	Y集団	S集団
所属支会		浅瀬石支会	紙漉沢支会	湯口支会	一野渡支会
集団員の役員開始年：a		1970年	1977年	1976年	1968年
支会長	経験者数	7	4	3	7
	のべ年数	24	12	14	13
本会役員	経験者数	6	1	2	5
	のべ年数	32	6	12	22
支会からの本会への役員選出のべ年数（aから2005年まで）		32	6	20	36

注：S集団の役員開始は斉藤昌美からとした。
出所：各集団への聞き取り調査、青森県りんご協会(1969)、(1979)、(1986)、(1996)、(2004)

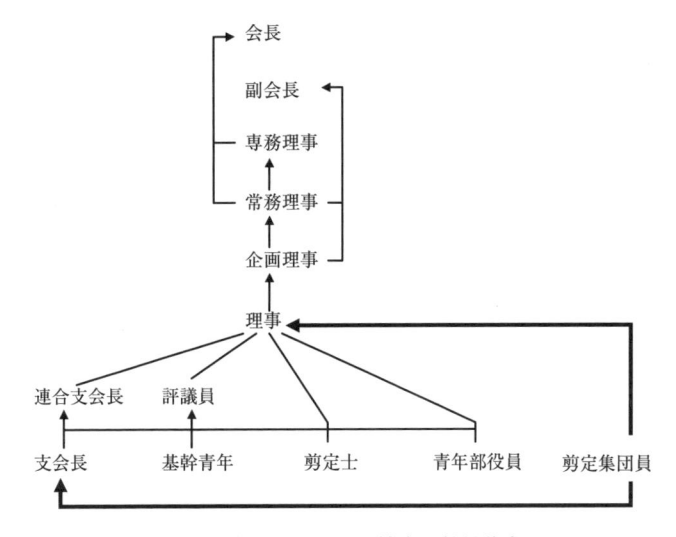

図4-3 剪定集団員とりんご協会の役員養成コース

注：青森県りんご協会(1996)、p171図に加筆

はりんご協会の役員養成の土台として機能している（図4-3）。このことは次の2点で重要である。第1に、剪定集団は個別的・私的な存在ではなく、地域において一定の社会性を有する存在であるということである。リンゴ技術の根幹である剪定技術を掌握し、支会の指導層となっている彼らは地域の技術普及構造の頂点に立つといってよい。第2に、剪定集団がりんご協会を支える基礎構造であるとすれば、「農民教育・農村民主化団体」と称される

りんご協会の性格は、農民主体の技術である剪定技術の性格から生じているということである。

2）剪定受託機能

剪定集団の中には、黒石剪定会やN集団のように請負剪定を行う集団（以下請負集団）がある（表4-5）。請負剪定は、剪定委託者から剪定を集団で受託し、地域の土建賃金水準（日当8,000円程度、黒石剪定会およびN集団代表者聞き取り）より高い10,000円程度の日当を基本に、出役と技量に応じて分配するという仕組みである。この「技量に応じて分配」という点は、平等原則に立つ一般の生産組織には見られない論理である（梅本 1992）。また地域日雇水準にさらにかさ上げした賃金が成立していることも注目される。剪定が比較的閑期である冬季になされることとも合わせて、集団員には十分メリットがあると思われる。

黒石剪定会とN集団を比較すると、N集団はいわゆる「親方請負」的である。請負から料金の回収・分配、作業の段取りなど全て師匠であるN.N.氏が意思決定する。それに対して、黒石剪定会は師匠関係を基礎とするものの、請負

表4-5 剪定集団の概要

	黒石剪定会	N集団	Y集団	S集団
加入条件	農協青年部員 浅瀬石支会員 会員の推薦	参加条件なし	弟子入り志願があれば受入	弟子入り志願があれば受入
集団員数	12人	8人	およそ30人	通い弟子が5人
見習期間等	3年間日当半分 大枝切るまで 4、5年	3年間無給 4年目から日給3千円 以後段階的に賃金が増加し、10年目1万円	枝拾い、枝処理→運転手（剪定会時）→剪定助手（同）を経て剪定会講師代理が務まるようになれば一人前（およそ10年くらい）	指導を受けている間は10年、15年経っても半人前
指導方法	特定の師匠と 2人1組の作業	4人1組の共同作業	昼に師匠の剪定を見学し、夜に反省会をする	師匠の園の共同剪定、使わせるのは鋸のみ
技能認証	特注の鋸・鋏を授与	なし	なし	なし
剪定請負	23ha 1人当55日出役	20ha 1人当40日出役	なし	なし

出所：剪定集団代表聞き取り調査

の決定、新規加入の承認、作業計画の作成など集団合議的な運営がなされている。本来はN集団のようなあり方がこのような師匠関係をベースとする請負には通常と考えられる。工藤金蔵及び工藤平蔵という二つの系統が合流したためとは考えられるが、黒石剪定会は民主的な運営がなされている。

　請負は基本的に居住地区を範囲とする。N集団が属する相馬村農協では組織的に剪定請負市場の調整に乗り出している。農協が組織的な関与を開始したのは2007年からで、個人で請負先を見つけることのできない農家の斡旋、および剪定料金の設定などをしている。農協としての取扱実績は2007年度で委託面積2ha、委託者数3人程度であるが、農協管内では請負剪定が30ha程度発生しているという[8]。農協管内リンゴ面積は930haであるので、面積的には3.2％程度であるが、委託農家は小規模零細のためその数は多くなると推測される。例えば50a未満の農家は92戸、24.9haであるから、委託農家総数は100戸程度であろう。管内農家は569戸であるから委託農家は18％程度となる。これらの農家をN集団を含めた2集団でカバーしている。N集団は30haのうちの約20haを請け負っている。もう一つの集団は湯口地区にある。一方、黒石剪定会が属する黒石市農協（現つがるみらい農協）では、営農指導員が個別には対応するが、農協としては組織的には剪定請負市場に関与していない。そのため、剪定請負がどの程度発生しているか不明であるが、浅瀬石地区内には黒石剪定会を含めた4集団が存在する。これらはいずれも後藤福次郎等を起源とする。黒石剪定会は約23ha請け負っているが、黒石市内では6.3ha程度である。

3）剪定技術の継承機能

　剪定集団のもう一つの機能として技能継承機能がある。指導期間や指導方法は各集団によってまちまちであるが、いずれも師匠の監督下において作業を行う見習期間があるという点で共通する（表4-5）。請負集団と請負をしない集団を比較すると、請負する集団の方が賃金で評価されることから、見習期間やその間の待遇などが明確で、一人前になるまでの過程も組織的であ

る。これに対して、請負をしない集団は剪定会で師匠の代理を務めることができるかという点が一つの指標のようである。いずれにせよ、このいわば「徒弟的」なシステムにおいて、剪定労働力の育成がなされているといえる。育成という点では、りんご協会の講座も濃密な指導がなされる。しかし期間が長い剪定士養成事業でも3年間で、かつ講義なども含めて年間20日の研修であるため、枝の生育過程を追いながら少なくとも5、6年の修行が必要な剪定技術の習得には限界がある。実際、S集団のS.Y.氏がりんご協会の講師となった折には、講座修了後も講習生がS.Y.氏を師匠として通うようになっている。家族協業が弱体化する中では、地域に存在するこのような徒弟的なシステムは重要である。

　以上のように、剪定集団の地域農業における役割は、①地域内普及構造の頂点に位置すること、②剪定労働力の育成、③剪定請負をする場合はそれによる小規模農家の下支えの3点に集約される。

5．地域農業における剪定集団の課題と対応方策

　剪定集団は、リンゴ生産の根幹である剪定技術の形成と普及、請負剪定による地域のリンゴ生産力の下支えで主導的役割を果たし、「農民教育・農村民主化団体」と呼ばれるりんご協会の役員養成の土台としての機能を果たしてきた。つまり、剪定集団はリンゴ産業における農民自治的な性格の根幹であるといえる。国家の農業への関与が後退している現在、その自治的性格は重要である。

　しかしながら、今後の地域農業における剪定集団の役割には課題がある。特に大きな問題は、剪定委託をどこまで剪定集団が支えられるかである。現在の剪定委託者は1ha未満の下層農家である。この階層は大きく減少しており（表4-6）、この点では剪定請負委託は縮小傾向にあると考えられる。しかし、現在は剪定委託層となっていない1～2haの中層農家には、男子農業後継者はいないが女性労働力は保有しているという予備軍的農家が多く

表4-6 果樹面積規模階層別リンゴ農家数及びリンゴ生産面積

果樹面積規模階層	リンゴ農家数（戸）			リンゴ栽培面積（ha）		
	1ha未満	1～2ha	2ha以上	1ha未満	1～2ha	2ha以上
1975年	24,357	4,938	964	9,699	6,071	2,394
1980年	21,184	5,733	1,267	8,898	7,204	3,121
1985年	20,104	6,438	1,748	8,119	8,271	4,338
1990年	16,665	6,337	2,022	7,077	8,201	5,155
1995年	14,479	6,124	2,181	6,201	7,920	5,574
2000年	12,759	5,541	2,314	5,658	7,405	6,243

出所：農業センサス

いる。そのため、今後中層農家が剪定委託層に転化すると、剪定請負市場が拡大し、請負剪定労働者が不足することとなる。そこで、当面の対応としては、①リンゴ農民の請負集団への参加を促進していくこと、②剪定請負をしていない師弟集団を請負集団に転化させていくことの2点が重要である。

　請負集団への参加を促進することの条件としては、まず請負集団自体の対応として、技能育成システムの開放性、運営の民主性を高める必要がある。そのモデルとなるのは黒石剪定会である。すなわち、技能育成システムの開放性を高めるには、技能評価や指導方法、技能認証を明確化していくことが求められ、運営の民主性を高めるには、作業計画の作成などで集団合議的な運営を進めることが求められる。親方請負的に、すべての運営が親方の胸先三寸では、外部者は加入しにくい。次に、剪定集団は集団員の参加条件を問わないにせよ募集してもいないので、関係機関の支援方策として、農協やりんご協会などによる参加の仲介・斡旋が重要である。これについては、営農指導員や協会職員の個人的な裁量としてなされている段階であるので、今後組織的な対応が必要である。加えて、上述の技術育成システムの開放性を高めるために、国や県などの公的機関が技能認証を追認していく方策も期待される。また、師弟集団の請負集団化については、農協等の働きかけ、および剪定請負の仲介や作業料金等、農協による剪定請負市場に関する環境整備が重要である。これについても相馬村農協等で端緒的に見られる段階であり、今後各地域で広げていくことが求められる。

　以上の方策は、請負剪定労働力の供給源が未だ農村に一定程度存在するこ

とを前提としている。しかし、これまでの供給源である農家のうち中層農家では、後継者不足により、逆に剪定を委託する農家が多くなるだろう。一方規模拡大傾向にある上層農家は、後継者がいたとしても、請負剪定に手が回らなくなっていくだろう。このため、従来の請負剪定労働力の供給源は縮小していくことが見込まれる。

　このような問題に対する中長期的な対応として、まず、新規参入者の活用があげられる。地域労働市場の展開に乏しい北東北地域では、農業への新規参入者は一定程度存在すると考えられる。こうした新規参入者は技能が未熟で、収益を上げることも難しい。かかる新規参入者においては、技術習得と経営補填的な労賃稼ぎとして、請負集団参加を意義づけることができるだろう。果樹は技能習得の困難性と初期投資の多さから新規参入者が少ない作目部門であるが、普及センター等がりんご協会や農協と連携しつつ剪定集団と新規参入者を仲介していけば、参入が促進される可能性がある。既存の技能継承システムは、一定程度の開放性があるが、新規参入者にまで開放的なシステムではない。今後現在のシステムを新規参入者に開放していくことが求められるだろう。

　さらに根幹的な問題として、技術構造の問題がある。剪定集団や剪定請負市場は剪定技術の技能性をもとに成立しているため、これが解消されれば、請負剪定労働力の不足問題は軽減する。対応する技術として期待されているのはわい化栽培である。わい化栽培はマルバ栽培と比較すると枝の構造が簡略化し、剪定技術が習得しやすくなるとされている。確かに植栽後15年くらいまではそのような効果が発揮される。しかし、それ以上経年すると樹体の生長により制御が困難となり、開心形への移行等を検討せざるを得なくなる。これについては公的研究機関の研究も不十分で、農民自ら工夫せざるを得ない。経年問題への対応方策としては、樹体の制御が難しくなる15年程度で改植するショートサイクル栽培の経済的確立があげられる。ただし、その確立のためには、雪害対策、忌地現象の解消、改植コストの削減などの課題が残っている。

注

1) 豊田隆（1982）はリンゴ地域農業の組織化を共同防除組織中心に描いている。
2) 平野暁（1989）は果樹栽培研究における物質生産の重要性について指摘する。
3) 小野（1989）によると、光合成総量＝葉面積×光合成速度×受光係数で光合成速度は遺伝的性質によるため、葉面積と受光係数が問題となる。
4) 一木（1984）によると、施肥量＝（肥料吸収量－肥料要素の天然供給量）/肥料要素の吸収率。
5) 青森県（1984）には、1979年に実施した調査で欠木率4.2%と記されている。
6) 「行啓記念碑保存会」とは、最初の剪定指導者であった外崎嘉七の遺徳を偲ぶ弟子等で設立された団体である。
7) 剪定技術研究会は、剪定技術の研究、継承を目的に、青森県内を中心とする剪定指導者、普及職員・OB、りんご試職員・OB、弘前大学リンゴ研究者等により1979年に設立された。『剪定』はその機関誌で、各地の剪定指導者とその剪定技術が紹介された。会は2005年に解散し、『剪定』も廃刊となった。
8) 相馬村農協農業振興課長藤田伸氏への聞き取りによる。

第5章　リンゴ産地間競争の実態と産地の量販店対応の動向

1．課題と分析視点

　本章より、販売・流通を含めた産地問題を検討する。本章では、まず、市場環境の変化に伴うリンゴ産地間の競争構造の変化について俯瞰する。

　リンゴは1960年代中盤には、果樹農業の中でいち早く過剰局面を迎え、栽培面積は減少に転じている。その後1980年代に再度拡大し、その後再び減少に転じるという紆余曲折を経てきている。

　その中で、産地も盛衰している。戦後の拡大局面では、山林開墾や桑園転換によって新興産地が多数生じているが、1970年代の縮小局面ではこれらの多くが衰退している（豊田 1982）。1980年代の再拡大局面では、わい化団地の成立などにより再び新興産地が形成されている（三國 1984）。この新興産地は一部が高級品産地となるが、1990年代以降、高級品市場が縮小することにより、その動きはごく一部にとどまっている。このようなリンゴ産地の縮小の中で目立つのが、他産地に比べて微減に止めている最大産地の青森県である。

　リンゴでは、栽培面積、収穫量ともにわが国においておよそ半分のシェアを占める青森県が、リンゴ市場に大きな影響を与えている。そのため、青森県内におけるリンゴの流通構造に関心が持たれてきている[1]。リンゴはわが国で生産している果実の中で周年販売が実現している希有な作目である。周年販売を可能としているのが貯蔵技術であり、それをもとに貯蔵販売を販売戦略の核においているのが産地商人である。そして、彼らが青森県のリンゴ流通の過半を掌握してきている。この構造的な特質を背景に、リンゴではカンキツなどとは異なり産地商人が農協を抑えて優勢な集出荷主体として存在

し、彼らが市場価格の季節変動を折り込んだ投機的かつ個別的販売を行うことが販売上の特徴であるとされている（豊田 1987a）。そして、そこでは産地商人の販売戦略や、産地商人に対抗していくための農協共販戦略、両者の青森県内における棲み分けなどが問題とされる一方、リンゴ産地全体の競争構造とそれにもとづいた各産地のマーケティング対応については十分論じられていない。

　また、このようなリンゴ販売流通の研究は、1980年代ぐらいまでの状況を背景になされている。その当時に比べると早生、中生の主力品種は異なっている[2]。さらに流通環境も小売量販店の主導性が強くなるという点で大きく変化している。量販店対応については、実はリンゴ流通論において、先駆的に「資本イニシアによる果実小売市場編制」[3]が論じられている。しかし、そこではリンゴ産地の競争構造との関係は述べられておらず、また産地側の対応として生協産直に議論が展開し、産地のチェーンスーパーへの対応そのものは論じられていない。近年、リンゴ産地の量販店対応に関する業績も見られるようになっている（斎藤 2005）が、量販店側の立場が強く現れている上、市場競争構造と関連させた分析ではなく、かつこれまでの産地研究との関連性が不明である。

　そのため、このような状況を折り込んだ現局面におけるリンゴ産地の競争構造と産地のマーケティング対応について検討することが必要である。

　リンゴ産地の競争構造についての分析視点であるが、競争構造についてはカンキツ研究で進展した産地棲み分け概念を用いつつ、各産地の競争構造を明らかにする。産地棲み分け概念は麻野（1987）によって提唱された概念であるが、その内容は品種の適地性であり、さらに競争構造分析のためのツールというよりも、今後進むべき産地戦略という側面が強い。しかし近年、徳田（2009b）により俯瞰的な果樹産地間競争構造の分析に用いるツールとして整理されている。そこでは、品種のみならず、時期、地域別市場を含めた棲み分けと具体的な分析が示されている。

　量販店対応の動向については、産地と量販店との結合の具体的な態様とし

第5章　リンゴ産地間競争の実態と産地の量販店対応の動向　　107

て、取引の形態が相対的なものかがまず問題となる[4]。さらに、産地の主体性確保のためには、取引先の規模、製品戦略とチャネル戦略の連携などが問題となる。その点も含めて実態把握を行う。

なお「産地」のとらえ方であるが、本来産地とは、序章で述べたとおり、地縁的・集団的に形成される生産地域の販売体制である。リンゴの場合、その範囲は、単協あるいは産地商人である。さりながら、その戦略も集荷対象とする地域によって制約を受ける。なぜなら、生産および生産物には地域性が存在するからである。市場の側でもある程度の地域、特に県単位にまとめて認識している。そこで、まず県単位で産地間競争構造を分析し、各県の特徴を市場地位から明らかにする。その際、県単位は必ずしも出荷単位ではないため、その市場地位は擬似的なものとして扱う。その上で、主要な単協、産地商人の販売対応の実態を分析する。

2．リンゴの市場条件

まず、産地マーケティングの前提となるリンゴの商品特性と産地の立地配置の特質を整理する。

第1に、栽培適地についてである。明治以降の外来果樹であるリンゴは、当初から栽培適地の論理からはずれた形で栽培地域が形成されている。リンゴは、着色や硬度は北方が有利で、糖度は南方の方が高くなる。それゆえ、早生種は北方が適地で、晩生種については南方が適地といえる。しかし実際には、晩生種は貯蔵産地として青森県に、早生種は早出し産地として長野県に優位性がある。それを可能にしているのが、着色、保存性向上効果のある有袋栽培と、CA貯蔵に代表される貯蔵技術である。このため、「糖度」の視点から見ると適地関係にアンバランスが生じる。

第2に、品種についてである。リンゴには多様な品種があり、それぞれ適地性がある。しかし、リンゴは収穫してからの品質劣化が著しく、収穫期の遅い産地が出荷してくれば、需要はそちらに移る。特に早生、中生品種で顕

著である。

　第3に、消費地との関係である。リンゴは東北と長野県に産地が偏在し、しかも遠隔地である。この点、産地の分布が広く、大消費地に大産地が隣接しているカンキツなどとは異なる。

3. リンゴの棲み分け戦略の特徴

　産地の棲み分けの基本は、品種ごとの適地適作にあるとされる（徳田 2009b）が、リンゴでは次の4点から品種による適地適作の動きは微弱である。第1に、リンゴではそもそも適地適作がねじ曲げられる形で主産地が成立している。第2に、ペリシャブルな性格の強いリンゴでは収穫後に品質劣化が急速に進行するため、適地生産といえども、時期が経過すると遅出し産地の品質が上回る状況が生じる[5]。第3に、青森県以外で品種開発をしても、リンゴ面積シェアで過半を占める青森県が増植を始めればすぐに追い抜く。第4に、ライフサイクルで衰退期に入った品種が残存しやすいのが大産地の青森県である。

　また、産地の棲み分けとして卸売市場ごとの棲み分けが指摘されるが、これも次のようなことから動きは微弱である。第1に、リンゴ産地は生産地が集中し、かつ遠隔地のため、ミカンのように産地ごとに地理的に有利な市場を見いだすことは難しい。第2に、青森県が過半のシェアを得ているため、どの市場でも青森県を除いて集荷することは不可能である。第3に、歴史的にほとんどの市場において市場開発をしてきたのが青森県（特に産地商人）である（豊田 1987a）。

　以上のことから、リンゴ産地では時期別の棲み分けが基本となる。青森県が過半のシェアを得ているため、収穫したリンゴをそのまま出荷すれば価格は暴落する。そのため、青森県では出荷時期を長期化させてきた。CA貯蔵などの技術の進展により、リンゴでは通年貯蔵・販売が可能となっており、青森県では通年出荷をしている。ただし、貯蔵施設は高額な投資が必要であ

り、産地商人がその投資を先導してきた[6]。それゆえ、青森県内では、普通冷蔵庫で貯蔵可能な1～3月までの出荷は農協が中心、CA貯蔵庫で貯蔵する必要がある4月以降の出荷は産地商人が中心という棲み分けがある。他産地では、青森県の出荷と競合すると値崩れが生じるため、早期出荷を目指す。典型的な産地が、最南の主産地である長野県である。長野県が20％程度のシェアを持つのはこのためである。

　以上のように、リンゴにおける棲み分け戦略の特質は、強力な首位産地が存在する中で、それ以外の産地が生き残ることができるニッチ市場を見いだしていくかという点にある。棲み分けの論理としては、出荷時期、品種、市場があるが、青森県が過半のシェアを持つ状況下では、強固なものではない。

4．リンゴ産地の競争構造の実態

1）棲み分けと各産地の位置

　リンゴにおいて、まず重要なのは時期の棲み分けである。主要市場への年間リンゴ出荷状況をみると、8月下旬から9月中旬、11月などを除き、青森県が第1位のシェアを確保している（表5-1）。特に1月は7～8割、2月以降は95～100％のシェアを有している。青森県が1位ではない場合は全て長野県が1位である。また、各旬における第2位のシェアは、青森県か長野県であり、第3位になるに至って山形県や岩手県が出現する。

　価格をみると、8月下旬から11月中旬までは長野産が最も高く、11月下旬から8月中旬までは青森産が最も高い（表5-2）。長野産は青森産が出荷されても高価格を維持する場合が多い。青森産、長野産に続くのは山形産、岩手産であるが、全品種を合計した場合、いずれの旬においても第1位の価格は得ていない。

　次に品種をみていく。北海道の祝・旭や秋田県のゴールデンデリシャス等、適地適産により特定の品種に力を注いだ産地もあったが、その品種がライフサイクル上の衰退期に入ったことにより、産地が衰退した。現在、適地適産

表5-1 主要市場における主産県別リンゴ出荷量占有率

単位：%

	青森	長野	山形	岩手
1月上旬	77	9	–	–
1月中旬	81	–	–	–
1月下旬	82	–	–	–
2月上旬	89	–	–	–
8月上旬	92	–	–	–
8月中旬	65	24	–	–
8月下旬	–	67	16	–
9月上旬	11	60	18	–
9月中旬	31	47	–	11
9月下旬	54	22	–	15
10月上旬	58	12	12	–
10月中旬	41	24	11	13
10月下旬	44	22	–	14
11月上旬	40	31	17	–
11月中旬	32	34	20	–
11月下旬	35	33	17	–
12月上旬	40	32	13	–
12月中旬	46	28	9	–
12月下旬	62	18	–	–

注：1）主要市場（旧1類市場）全体のリンゴ取引量に対する各産地の割合を旬別に示している。
2）「–」はデータなしを示す。
3）各旬でもっとも高い産地の価格を太字とした。以下の表でも同様。
出所：旬刊青果物流通統計（2006年）

表5-2 主要市場における主産県別リンゴ価格の推移（年内）

単位：円/1kg

	2004年				2005年				2006年			
	青森	長野	山形	岩手	青森	長野	山形	岩手	青森	長野	山形	岩手
8月中旬	309	**329**			363				386	374		
8月下旬		305	212			370	326			**407**	337	
9月上旬	263	273		257	293	309	258		310	**352**	271	
9月中旬	273	**275**		257	272	277		257	271	**281**		274
9月下旬	279			247	254	276		222	252	269		247
10月上旬	304	**378**	287		240	345		213	242	**337**	266	
10月中旬	319	**372**		328	236	317	222	285	258	317	232	280
10月下旬	292	**360**		272	243	278		239	256	**320**		237
11月上旬	285	**353**	307		227	291	256		242	**334**	282	
11月中旬	305	**322**	266		239	277	236		247	**298**	241	
11月下旬	**335**	300	254		260	253	207		**286**	278	221	
12月上旬	**351**	313	262		**263**	234	188		**294**	275	219	
12月中旬	**339**	294			**261**	228			**294**	266	197	
12月下旬	**354**	238			**261**	222			**296**	226		

出所：旬刊青果物流通統計

表5-3 リンゴ品種別栽培面積占有率

単位：%

	りんご	つがる	王林	ジョナ	ふじ	陸奥	その他
全国	100	100	100	100	100	100	100
北海道	2	4	1	1	1	1	6
青森	52	43	66	74	49	93	45
岩手	7	7	7	13	6	1	8
宮城	1	1	1	0	1	1	1
秋田	4	2	7	1	6	1	4
山形	6	6	4	2	7	0	10
福島	4	3	2	2	5	1	3
長野	20	32	11	5	23	0	14

出所：果樹生産出荷統計（2005年）

で特定の地域に特徴的な生産が見られるのは、青森県の陸奥、岩手県のジョナゴールド、長野県のつがる等である（表5-3）。つがるについては、長野県に大きな有利性がある。中生種のジョナゴールドについては、第3位のリンゴ面積を有する岩手県に有利な時期があり、産地の存立基盤となっている。ジョナゴールドは中生種であること、難着色品種のため、無袋の場合はわい化栽培が求められることなどにより、わい化率の高い岩手県が栽培適地となっている。

しかしながら、つがるにしてもジョナゴールドにしても青森県の出荷が開始されると値崩れする（表5-4、5-5）。そのため、品種による棲み分けは、時期による棲み分けをともなっているといえる。なお、つがるについては青森県でも無袋が普通であるが、ジョナゴールドは有袋となる。青森県のジョナゴールドの出荷はその後7月まで続き、堅調な相場が築かれる。山形県については、最も生産量の多いふじをはじめとして、いずれの品種でも第1位の価格は得ていない（表5-6）。

そこで、山形産が独自の位置づけを得ている市場を探索するために、さらに細かく市場ごとにみていく。主要市場の集計データと同じく、多くの市場で8月下旬から9月中旬、11月は長野産、それ以外は青森産という傾向はみられる。その中で、仙台市場、横浜市場、札幌市場では山形産が第1位のシェアを得る時期が生じている。さらに細かく品種別でみれば、山形産が1位の時期が各市場で生じている。このように、時期、市場、品種の組み合わせ

表5-4　主要市場における主産県別つがる価格の推移

単位：円/1kg

	2004年			2005年			2006年		
	青森	長野	山形	青森	長野	山形	青森	長野	山形
8月上旬		370	208		395			427	235
8月中旬		329			368			368	
8月下旬		306	213		370	326		407	
9月上旬	269	273			309	259		352	272
9月中旬	275	271		274	276		271	280	
9月下旬	277			254	259		252	252	
10月上旬	273			225			232		
10月中旬	252			182			201		
10月下旬	225			126			171		

出所：旬刊青果物流通統計

表5-5　主要市場における主産県別ジョナゴールド価格の推移（年内）

単位：円/1kg

	2004年			2005年			2006年		
	青森	長野	岩手	青森	長野	岩手	青森	長野	岩手
10月上旬	365	359	399		324	353		304	332
10月中旬	304		331	252	275	299	236	264	285
10月下旬	275		276	232		239	235		235
11月上旬	264			196		170	221		219
11月中旬	296			187			215		
11月下旬	334			228			244		
12月上旬	350			246			269		
12月中旬	333			261			270		
12月下旬	352			277			275		

出所：旬刊青果物流通統計

表5-6　主要市場における主産県別ふじ価格の推移

単位：円/1kg

	2004年			2005年			2006年		
	青森	長野	山形	青森	長野	山形	青森	長野	山形
10月上旬	390			382			357		277
10月中旬	393			327			337		
10月下旬	343	413	354	304	326	281	318	330	303
11月上旬	317	367	316	307	330	291		353	291
11月中旬	310	322	266	269	288	242	269	302	243
11月下旬	333	300	254	263	254	208	287	276	221
12月上旬	344	313	262	259	234	189	297	275	219
12月中旬	334	294		253	228	169	295	263	197
12月下旬	344	237		248	222		292	225	

出所　旬刊青果物流通統計

第5章　リンゴ産地間競争の実態と産地の量販店対応の動向　113

によっては山形産がシェアを得る場合がある。

　しかし、それが価格につながっているか、検討する必要がある。山形産は年によっては札幌市場、横浜市場、福岡市場、沖縄市場でふじの高価格販売をしていた。しかし、毎年安定的に高価格を得る市場が見いだされなかった。

　さらに、地元で特別なブランドを形成している可能性もあるため、地場市場のデータをみると、産地市場としての性格の強い弘前地方卸売市場を除く主産地の地場の盛岡、山形、福島、いわきの各中央卸売市場では、地元産地の高価格が出現していなかった（表5-7）。

　以上、リンゴ産地では、青森県が、時期、品種、市場のどの棲み分け要因においても大きなシェアを得ている。その中で、第2位のシェアを持つ長野県は、時期により棲み分けしつつ、青森と競合する場合も一定程度優位に立つことのできる産地となっている。第3位の岩手県は、主力中生種の特定時期において、棲み分けし得た産地となっている。第4位の山形県については、時期、品種、市場のいずれも明確な棲み分けポジションを得ているとはいえない。それ以外の主産県についても山形県同様である。

表5-7　各産地の地場市場におけるふじの価格

単位：円/1kg

	卸売市場	産地	10月	11月	12月
2004年	盛岡	岩手	271	263	204
	山形	山形	225	197	196
	福島	福島	240	250	235
	いわき	福島	370	309	265
	主要市場	全国	422	304	250
2005年	盛岡	岩手	267	253	210
	山形	山形	185	179	167
	福島	福島	197	181	150
	いわき	福島	277	223	176
	主要市場	全国	321	268	228
2006年	盛岡	岩手	220	244	174
	山形	山形	193	184	166
	福島	福島	197	198	185
	いわき	福島	276	261	222
	主要市場	全国	378	279	248

出所：盛岡中央卸売市場はホームページ http://www.morioka-sijyo.gr.jp/、山形市中央卸売市場年報、福島市中央卸売市場年報、いわき市中央卸売市場年報

2）棲み分け論理の後退

　微弱ながらも棲み分けの論理が働いてきたリンゴ産地であるが、その棲み分けの壁をさらに薄くしているような状況が近年生じてきている。

　第1に、地球の温暖化である。これにより、比較的南方の地域では着色時期が遅れてきている。最南の主産地である長野県では、平坦地での栽培が厳しくなっている。それに対し北方の青森県では、特に早生種、中生種の熟期が早期化している（図5-1）。南方で収穫期が遅くなり、北方で収穫期が早くなることにより、早出し産地から遅出し産地までの出荷期間が短縮され競合が激化している。温暖化の影響は早生種でより顕著であるが、青森県の9月出荷が増加し（図5-2）、そのあおりを受けた山形県のつがる出荷は激減している（図5-3）。リンゴで最も重要であった時期の棲み分けの論理の弱まりである。

　第2に、有袋栽培の減少である。青森産リンゴにおいて長期貯蔵販売が可

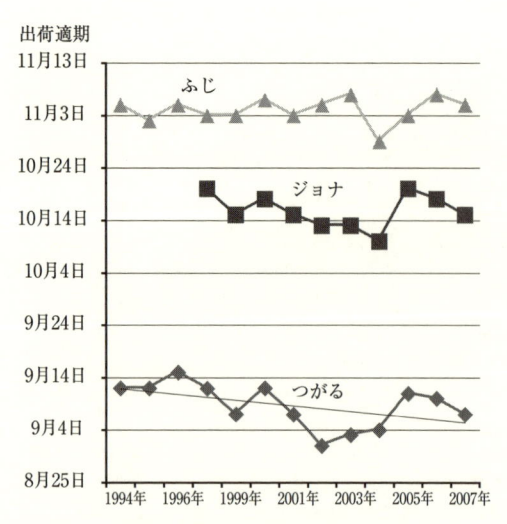

図5-1　青森県における主要品種の理論的出荷時期の推移
出所：青森県りんご試験場「業務年報」各年版

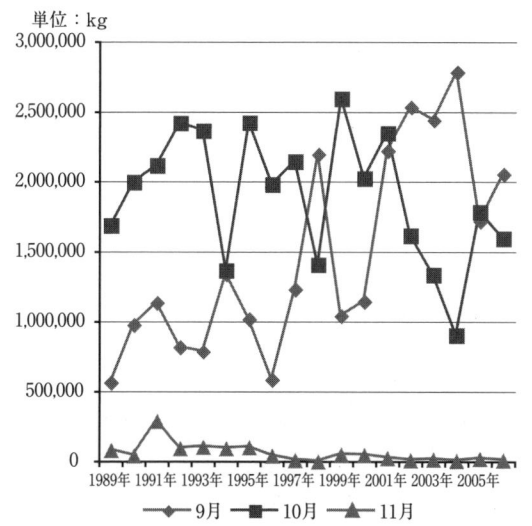

第5章　リンゴ産地間競争の実態と産地の量販店対応の動向　115

図5-2　青森県産つがるの東京都中央卸売市場への月別出荷量の推移
出所：東京都中央卸売市場年報各年版

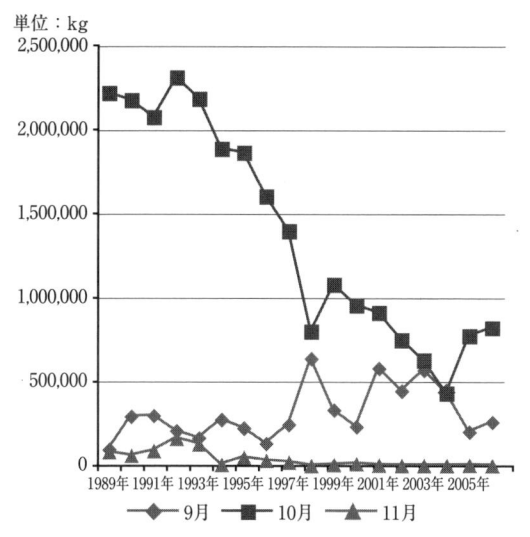

図5-3　山形県産つがるの東京都中央卸売市場への月別出荷量の推移
出所：東京都中央卸売市場年報各年版

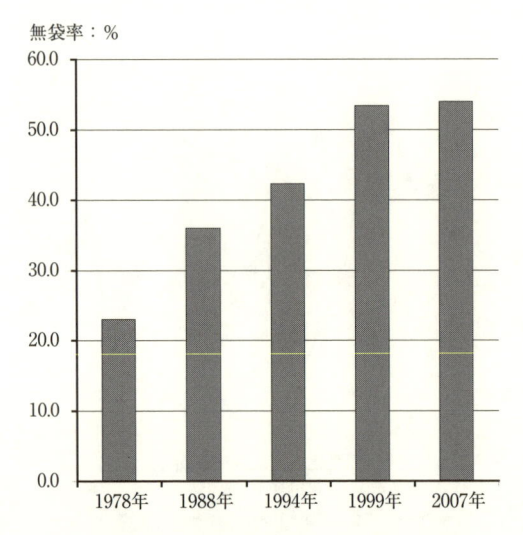

図5-4　青森県における無袋率の推移
出所：青森県りんご生産指導要項各年版

能となる前提には、有袋栽培技術があった。しかし、経営の大規模化や小規模農家のリンゴ廃止により、1990年代に入り無袋率が上昇している（図5-4）。有袋栽培のリンゴはCA貯蔵庫に収められ主に4月以降に販売されるが、1990年代中頃からそれへの供給が減少した（図5-5）。有袋から無袋栽培となり貯蔵力が弱まったリンゴは、1～3月期の普通冷蔵庫による短期貯蔵リンゴの供給時期に販売されるようになり、1990年代後半にはこの時期の供給が増加した。これによりこの時期の価格が値崩れしたため、青森産リンゴの出荷はさらに前進し、2000年頃から年内出荷されるようになった。それまで、青森産ふじは年内にはほとんど出荷されていなかったことを考えれば、劇的な市場構造変化といえよう。この点からも時期による棲み分けの論理は弱まり、青森県以外の産地は圧迫を受けることになる。

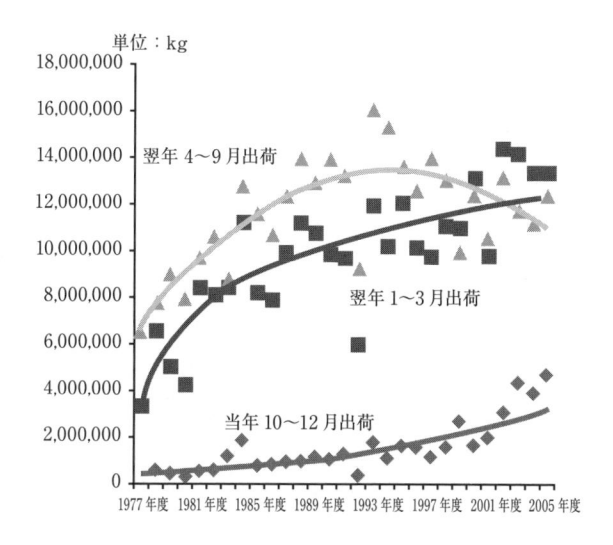

第5章　リンゴ産地間競争の実態と産地の量販店対応の動向　　117

図5-5　青森県産ふじの東京都中央卸売市場への時期別出荷量の推移
注：三角、四角、菱等の点は実績、曲線はその近似曲線。
出所：東京都中央卸売市場年報各年版

5．農協共販および産地商人の競争対応

　前節で分析してきたような市場地位および棲み分け論理の後退を前提として、各県の農協共販や産地商人はどのようなマーケティング対応をしようとしているのであろうか。
　まず、青森県では、量販店スーパーとの結合が強化されていることに大きな特徴がある（表5-8）。その理由は次の通りである。量販店は第一義的に計画的な出荷を産地に求めるが、2000年代に入ってその調達単位が巨大化している。そのため、かかる巨大量販店と関係を構築しうるのは、数量調整を産地戦略の核とし、効率的な集出荷体制を築いてきた青森県の大産地に限定されてくる。さらに、周年的にリンゴの調達を図ろうとすれば青森県の産地と取引せざるを得ないという状況もある。

表5-8 青森県内産地の産地マーケティングの特徴

産地主体名	つがる弘前農協	相馬村農協	りんご商協連
管内面積	約9000ha	923ha	−
取扱量	59200t	15800t	−
マーケティングの特徴	・巨大量販店を抑える ・東一、大果に100万ケース出荷し、リンゴ価格の相場を確定する ・大卸は周辺市場に転送するので、その転送価格よりやや低い価格を周辺市場に提示して販売する ・小玉(46〜50玉)は産地でパッキングし、相対取引先に企画提案販売 ・巨大チェーンでも意見は通す	・要望の通らない巨大チェーンは相手にせず、中堅チェーンと長期的関係を構築する ・競合スーパーとは商品がかち合わないようにする ・有袋が不足気味なので、有袋を導入口に年内販売を強化 ・小玉(46〜50玉)は産地でパッキングし、相対取引先に企画提案販売	・20万箱以上の大規模商人23社で2000年より共同販売 ・入口は有袋ふじ ・価格は仕入れ価格と選果・保管費用を基礎に定める ・生産工程の保証は産地市場のトレーサビリティシステムに依存
取引の特徴	・予約相対取引が主 ・巨大チェーンI社と契約取引 ・同じくE社とは4農協連合で相対取引 ・ゆうパック、カタログギフトは値決め契約販売	・予約相対が主 ・小売の取引先は50〜100社 ・相対率は8〜9割	・巨大チェーンI社との予約相対販売 ・2007年実績は4万箱/20kg ・各社への出荷振り分けは商協連専務理事が指示

出所:各機関の聞き取り調査結果による。つがる弘前農協聞き取り調査(2008.2.19)、相馬村農協聞き取り調査(2008.2.19)、りんご商協連聞き取り調査(2009.2.5)、弘果聞き取り調査(2009.3.5)

　例えば、つがる弘前農協は広域合併により管内に9,000haのリンゴ面積を有する農協である。出荷量は約6万tで、農協としては抜群に巨大な出荷単位である。それを活かして、数量調整により市場での相場を形成するとともに、市場を経由した予約相対で多くの小売量販店と取引している。そのうえ、巨大スーパーI社の関東地区とは市場を経由しない契約取引を行っている。そのために専門の担当者を1名関東に常駐させている。2006年度における取引量は960tで、つがる弘前農協のリンゴ販売量の1.9%、I社の関東地区の販売量から見ればおよそ1/3を占めている。平均販売価格は285円/kgで、農協の全平均価格269円と比較するとやや高い程度である。ただし品種によって価格の高低差があるので、例えば主力の無袋ふじでは、農協全体の平均価格が257円に対し、I社への販売価格は291円と13%高くなっている。また、I社と並ぶ巨大スーパーE社は、I社よりも調達量が大きいため、つがる弘前

をはじめとする青森県内主要4農協が参加して、2006年より予約相対取引を実施している。このような相対取引の中で、各スーパーはつがる弘前産、あるいは青森県産リンゴの販売時期を早めている。小玉の下級品は産地でパッキングを行い、相対取引先に提案営業をしている。

一方、相対取引としても、上述のような巨大スーパーとの取引とは一線を画す農協もある。相馬村農協は管内リンゴ面積が923haで、出荷量は1万6千tの大産地農協である。相馬村農協もほとんどのリンゴを、市場を介した予約相対取引により販売する。しかし、100%に近い共販率を誇りながらも、出荷単位としてはつがる弘前農協には大きく及ばないことから、要望の通りにくい巨大スーパーは相手にせず、中堅以下の量販店スーパーを取引相手としている。相馬村農協は、有袋リンゴで量販店を引きつけながら年内販売の予約を取る販売方針を採っている。そのため、有袋栽培面積の増加を農家に依頼している。下級品についてはつがる弘前と同様に、産地でパッキングをし、相対取引先に提案営業をしている。8、9割方が相対取引のため、数量調整のリスクはあるが、最終的には、産地の意向の通るスーパーに販売する。

このように、産地とチェーンスーパーの結合には一定の規模の論理が見られる。これら相対取引に取り組む産地では、取引相手と地域的に競合する小売店には販売しないことで取引相手との関係を強化するが、それは中小スーパーを相手とする相馬村農協の方がその傾向は強い。

青森県において農協とシェアを二分する出荷主体である産地商人にも新たな動きがある。産地商人はこれまで、投機的性格の強い季節調整販売によりビジネスモデルを構築してきた。そして地区ごとにリンゴ移出商協同組合をつくり、青森県全体でその連合会（商協連）を設立してきた。しかし、商協連の機能は資金調達や倉庫の共同利用にとどまり、ビジネスの中核であるリンゴ販売について共同することはなかった。

それが2000年頃から、商協連を窓口として、東京大田市場を介して、共同で量販店との予約相対取引をする動きが生じた。当初、取引相手は巨大チェ

ーンスーパーのE社であったが、取引の直前変更や特定の等階級を集中的に注文するなどの量販店本位の取引を繰り返したため取引を停止し、2006年より取引相手をI社に変更した。その取引の端緒となったのは有袋ふじである。参加しているのは取引量20万箱以上の大規模層を中心に23社である。このような大規模層でも、I社のような巨大スーパーと相対取引をするには、等階級別のロットを確保することが難しいため、共同販売している。価格は仕入れ価格と選果・保管費用を基礎に定められる。投機的販売に比べ大きな利益が出ない代わりに、抱えるリスクも少ないという。共同事業に出荷している箱数の多い商人でも、その比率は5％程度であり、それ以外のリンゴは従来通り細かい選果をしながら、相場を見て多数の市場に振り分けるという旧来のやり方となっているという。しかし、かかる共同事業は産地商人のビジネスモデルや存在意義を変更させうる事業であり、注目される。

　なお、このように産地商人が相対取引を進めるには、量販店の重視する生産工程の保証が確保されていなければならない。産地商人はその事業ドメインを選果・保管・販売に置いているため、このような生産への関与が必要な事項には取り組みにくい。しかしながら、産地市場である弘果が、無登録農薬問題を契機に、全国の卸売市場に先駆けてトレーサビリティシステムを構築することにより、問題を解消している。この問題や等階級別の効率的な調達を図るために、産地商人は産地市場への依存を強めている。このように、産地市場は生産への関与を深め、同時に、産地商人は産地市場との連携強化により量販店に対応しようとしている[7]。以上、青森県では活発に量販店との連携が模索され、それが前進出荷をさらに加速させている側面がある。

　青森県以外の産地では、青森県との競合を逃れようと棲み分けを再構築する取り組みがなされている（表5-9）。

　長野県では、つがるを中心に、早出しを徹底する取り組みがなされている。例えば、長野県最大の出荷単位である、ながの農協では、つがるの出荷時期を有袋で8月頭、無袋で8月20日頃から販売開始している。ふじについては、従来は上級品を先に出荷していたが、下級品を先に出荷するという戦略変更

第5章　リンゴ産地間競争の実態と産地の量販店対応の動向

表5-9　青森県外産地の産地マーケティングの特徴

県名	長野県	岩手県	山形県	
産地主体名	なかの農協	共和園芸農協	いわて中央農協	さがえ西村山農協朝日支所	天童市農協
管内面積	1,193ha	140ha	約950ha	約400ha	515ha
取扱量	13,160t	4,445t	3,573t	2,652t	3,741t
マーケティングの特徴	・先行逃げ切りを徹底する・単価を追求すると量がはけないので、下位等級品を先に出す戦略に変更・シナノ3兄弟を売り出す	・早出しが基本。上級品は東京大田、大阪本場に出荷。下級品は農協直営直売所に販売、農協売上11億のうち、直売所売上2.4億・下級品は年を越えて販売	・全国でも希少な取り組みである特別栽培リンゴを軸に販売戦略を構築・取引が長期的に安定する中堅スーパーをターゲットに相対取引をすすめる	・晩生種から中生種へ移行・全国に先駆けたシナノスイート(中生種)のブランド化・取引先は京浜市場の大都市に絞り、最高級品は東京太田のみ出荷	・晩生種から中生種へ移行・さくらんぼ、ラフランスは全国出荷だがリンゴは京浜中心
取引の特徴	・市場委託販売が主・小売の取引先は5、6社程度・相対率は2割程度・相対の場合全農直販センターを通す	・市場委託販売が主・相対はほとんどなし	・予約相対取引が主・中堅チェーンF社と商物分離型の取引・小売の取引先は16社・相対率は62%	・市場委託販売が主・相対はほとんどなし・保証のないことはしない	・市場委託販売が主・相対はほとんどなし・保証のないことはしない

出所：各機関の聞き取り調査結果による。なかの農協聞き取り調査(2008.12.18)、共和園芸農協聞き取り調査(2008.12.19)、いわて中央農協聞き取り調査(2008.7.4)、西さがえ農協朝日支所聞き取り調査(2008.1.26)、天童市農協聞き取り調査(2008.1.26)

を検討し始めている。これは上級品の先出しによって価格が高くなると荷動きが悪くなり、青森県の前進出荷から逃げ切れないためである。量販店対応については、卸売市場で値崩れしやすい下級品を中心に、全農長野県本部の特販課を通じて上述E社などに相対販売しており、相対比率は20％程度となっている。一方、県内唯一の専門農協で、産地規模は140haながら独自に展開している共和園芸農協は、長野県でも最も早い時期の出荷産地で、上級品を東京大田市場や大阪本場に集中的に出荷している。そして共選落ちした下級品は農協直営直売所で販売している。つまり、直営直売所を産地マーケティングに組み込むとともに、地場市場に棲み分けているといえるが、直営直売所の売上は農協全体の売上11億円のうち、2.4億円に達している。当農協の販売戦略はこれでほぼ完結しており、量販店との相対取引は指向していない。

　独自の棲み分け市場のある岩手県では、ジョナゴールドを柱としながら、黄色品種主体の食味重視、低コスト栽培で競合回避を模索している。これは、岩手県の生産条件を活用して、赤色品種よりもはるかに規模の小さいニッチ市場である黄色品種市場でシェアを獲得しようとする戦略である。岩手県に優位な生産条件とは、高いわい化栽培普及率である。わい化栽培は、貯蔵性は青森県の主力栽培法であるマルバ栽培よりも劣るが、糖度、外観などの品質、省力性に優れる。さらに黄色品種ならば着色管理作業が必要ないので、より省力化が図れるのである。例えば、全農岩手県本部では早生からきおう、黄香、シナノゴールドと岩手県開発品種を中心に黄色品種を揃えている。また、岩手大学が開発した超高糖度（20度程度）黄色品種はるかを贈答向けに販売し高単価を得ている（表5-10）。量販店からの要望が少ないこともあり、岩手県内の農協全体の相対比率は10％程度である。その中で、いわて中央農協は独自に量販店との結合を強化し、相対比率は62％に達している。いわて中央農協は特別栽培を先導役として量販店との関係性を深化させている。リンゴ産地では珍しく、大口の取引先とは、商流のみ市場を介す商物分離型の取引を展開させている。この取引の中で、下級品が特別販売されており、注

表5-10　岩手県産黄色品種の価格

単位：円/1kg

	2006年	2007年	2008年
全農岩手取扱価格			
きおう	252	259	197
シナノゴールド	－	346	285
黄香	－	354	263
はるか	－	906	1,204
リンゴ平均価格	247	257	210
全国リンゴ平均価格	231	242	212

出所：全農岩手販売資料

表5-11　山形県産シナノスイートの価格

単位：円/1kg

	2003年	2004年	2005年	2006年
全農山形取扱価格				
シナノスイート	345	362	282	297
リンゴ平均価格	210	256	216	239
全国リンゴ平均価格	207	249	241	231

注：山形県産シナノスイートは、ほぼ朝日町産である。
出所：全農山形販売資料

目される事例である。

　独自の棲み分け市場のない山形県では、青森や長野との競合回避の道を晩生種から中生種への転換に求めている。山形は高級品指向が特に強いことから、生産が歳暮需要に対応するふじに傾斜し、かつ京浜指向が強い。そのため、青森の前進出荷の影響を強く受けた。そこで、晩生種からシナノスイートや秋陽、昂林など中生種への転換を図っている。例えば、さがえ西村山農協朝日支所では長野県で育成されたシナノスイートを全国に先駆けてブランド化し、高価格を得ている（表5-11）。一方、高級品指向の強いことや、農協の委託販売指向の強いことにより、量販店との相対取引は指向されていない。下級品は卸売市場との付き合いの中で引き受けてもらうが、価格水準は著しく低いという。

　以上のように、棲み分け論理が後退する中で、青森県ではその条件を活用して、むしろ棲み分けの積極的解消をはかっている。その他の産地は他産地との競合回避が問題となり、長野県では時期による棲み分けの徹底、岩手県

では品種群、山形県では新品種による棲み分けを図っている。量販店対応は、競争力の強い産地ほど進められ、棲み分け論理をさらに後退させる方向で作用している。

6．リンゴ産地における産地マーケティングの課題

　棲み分け論理の後退の中で、量販店と結合した青森県の競合圧力に対して、青森県外の各産地は、時期や品種による棲み分けの再構築を図ろうとしているという状況が、現在のリンゴ産地マーケティングの特徴である。一方、青森県が流通の出口である量販店との結合を強化している中で、競合がさらに激化するのは避けられないと考えられる。それゆえ、青森県外の各産地は、品種のような製品戦略のみではなく、量販店との結合といったチャネル戦略も再編しつつ差別化を図っていくことも必要だろう。

　また、広域流通における棲み分けが難しくなる中で、特に青森県以外の産地では、地場需要対策を産地マーケティングの中に組み込むことで棲み分けを図ることも重要である。地場需要にむけたチャネルとしては地場の卸売市場の他に直売所がある。直売所については、施設などは農協が所有しても、農産物の調達、出荷などは農家にまかせ、利用料のみ徴収するという運営をする場合が多い。しかし、農協直営の直売所を共販のチャネルの一つとして位置づけることができれば、等階級を調整する販売の幅を広げることができる。このような点で、共選落ちのリンゴを農協自ら直営直売所で販売する共和園芸農協の取り組みは、有効な棲み分け戦略である。

　さらに、遠隔地においても地場における贈答市場に目を向ける必要がある。従来、贈答果実は都市市場が主力と考えられてきた（佐藤 1998）。しかし、家計調査をもとに贈答市場の地域性を分析した磯島によると、果実生産地の地元に有力な贈答果実市場が存在することが明らかにされている[8]。このような地場の贈答品市場は、消費者が贈答リンゴを直接農家から購入し、送付を依頼する商行為である「農家贈答」によって成立していることが多い。農

家贈答は、従来、共販にとって高級品が集まらなくなる厄介事にすぎなかった。しかし、市場ルートの高級品市場が縮小する中では、むしろ多数の農家が営業者になることによって需要が拡大する効果が期待される。それゆえ、産地マーケティングはこのような農家贈答との共存を念頭に、下級品販売を効果的に行うことが大きな課題となろう。

7．おわりに

　小売量販店の巨大化に伴い、青果流通システムにおける量販店の主導性が強化されている中で、リンゴ産地においても量販店対応が大きな課題となっている。本章では、そのような状況下におけるリンゴの産地間競争構造を分析し、産地間の棲み分けの論理が温暖化や有袋栽培の減少により後退していること、量販店対応が青森県内の産地でより進められていることにより、棲み分けが一層後退し、青森県外の産地が圧迫されていることを明らかにした。これらの知見をもとに、以下の章では、青森県内の産地、青森県外の産地に分けて産地戦略、産地組織の再編方向を検討する。

注
1）今河（1972）、豊田（1987a）、（1987b）、田辺（1972）等参照。
2）豊田（1982）であげられているのは、早生品種で祝・旭、中生種で紅玉、ゴールデンデリシャス、デリシャス系、陸奥などである。現在の主力品種は早生がつがる、中生はジョナゴールドである。
3）豊田（1987b）参照。なお、このような見解に対しては批判がある。例えば坂爪（1995）参照。
4）相対取引については、佐藤（1998）参照。
5）田辺（1975）は、リンゴは果実の中では貯蔵性が最も高いとするが、早生種、中生種は、収穫後の品質劣化が著しい。
6）青森県りんご生産指導要項編集委員会（2008）によると、1997年のCA貯蔵能力は、農協が48,900 tに対し、産地商人は115,634 tである。
7）産地市場の成立構造については、今河（1972）参照。
8）磯島（2010）は、青森市、盛岡市、長野市などリンゴ主産地の県庁所在地に

おける11月、12月のリンゴ消費額のうち、50％～70％が贈答仕向けであることを家計調査の分析から明らかにしている。

第6章　青森県内産地における産地構造と再編方向

1．はじめに

　リンゴ市場において、日本のリンゴ生産量シェアの過半を占める大産地青森県の存在感は圧倒的に大きい。リンゴ市場は時期、市場、品種などにより細分化されるが、細分化された市場の大部分において青森県産リンゴが首位のシェアを占めており、かつ独占状態であることも多い。残された市場を他県で分けあっている状態であり、青森県が分荷の仕方を変更すると、他県は競合回避に動かざるを得ない。

　そのような青森県の各出荷主体におけるマーケティング戦略の中核的な論理は"orderly marketing"（豊田 1990）、つまり数量調整販売である。青森県は巨大な生産地のため、県内各産地が生産したものをそのまま出荷するだけでは出荷過剰となり、価格は暴落してしまう。そこで、早期収穫や有袋栽培などの栽培方法、C.A.冷蔵庫などの貯蔵技術により、長期貯蔵を行って販売時期を拡大させ、時期ごとの出荷数量を調整してきている。このようなマーケティング方策は、他県のリンゴ産地とは異なる青森県特有の方策である。一方、他県のリンゴ産地が熱心に行っている新品種、新技術の導入による新たな商品開発については、これまで消極的であった。

　しかし近年、高級品をはじめとするリンゴ消費の停滞、青果物流通における小売の主導性の強化により、リンゴ価格は頭打ちで、年によっては暴落している。リンゴ農家の経済状況も悪化していることから、リンゴを高く売るために、新品種や新技術導入による新商品開発の必要性も生じている。一方、大量のロットを揃えることができる青森県内の大出荷主体は、巨大化する小

売業に期待される面も大きい。

2．青森県内リンゴ産地の対応すべき課題

　まず、前章までの検討から青森県内のリンゴ産地の課題を整理する。新自由主義的な「構造改革」の下では国内の労働市場及び消費市場が再編される。青森県内のリンゴ産地にとって影響が大きいのは、労働市場については低賃金業種の縮小である。これにより、青森県の地域労働市場は縮小し、有効求人倍率は国内最低レベルとなり、中高年層の農業回帰と零細農家を中心とする若年層の他出によりリンゴ農家の階層分化が進行する。労働力が弱体化する零細農家では、欠損する基幹労働力の補完として生産組織の存在が不可欠となる。しかし、生産組織もオペ不足などの問題を抱えている。産地にとって生産組織への支援が第1の課題である。
　一方、農業に回帰した中高年層も、リンゴに展望をもって専従化したのではなく、働く場が無くなったために仕方なく専従化している。もともと農外所得を加えなければ維持できない農家経済であるが、農外所得を失うとともに、中規模農家以下ではリンゴ所得自体もリンゴ自由化による影響で家計費を充足できない水準となっている。そのため、リンゴ所得の向上が課題で、販売価格や単収水準の向上を図るための新技術導入、商品開発が産地における第2の課題である。生産組織のオペはこの経営主専従的農家層から生じるため、この課題は生産組織支援の課題とも密接に結びつく。
　消費市場については、「構造改革」により百貨店をはじめとする高級品市場が縮小していること、量販店が巨大化し、青果物流通を主導していることが産地に大きな影響を与えている。高級品市場の縮小により、リンゴ相場の上げ要因は後退し、量販店の主導により、産地の交渉力は後退している。このような中で、量販店に対応する能力を備えるとともに、交渉力を高めるための産地独自の商品を開発することが第3の課題である。商品開発については第2の課題と共通する点である。

これらの課題に対し、対応する主体を産地とする。産地とは、地縁的・集団的に形成される生産地域の販売体制であるが、その中でも主導する主体が存在する。それは農協共販および産地商人・産地市場である。両者では、産地組織の構造が異なり、従って課題への対応方策も異なる。そこで、それぞれについて検討する。

3．農協共販出荷主体産地における産地構造と再編方向

1）青森県農協共販における産地構造の特質

青森県の農協共販における産地構造の特質は、縦割り型構造である。リンゴ産地には販売、技術指導に加えて、個別の農家では対応しにくい防除と剪定というおおよそ四つの果たすべき機能がある。これが青森県ではそれぞれ縦割りとなっている（図6-1）。販売、技術指導については共販組織の内部

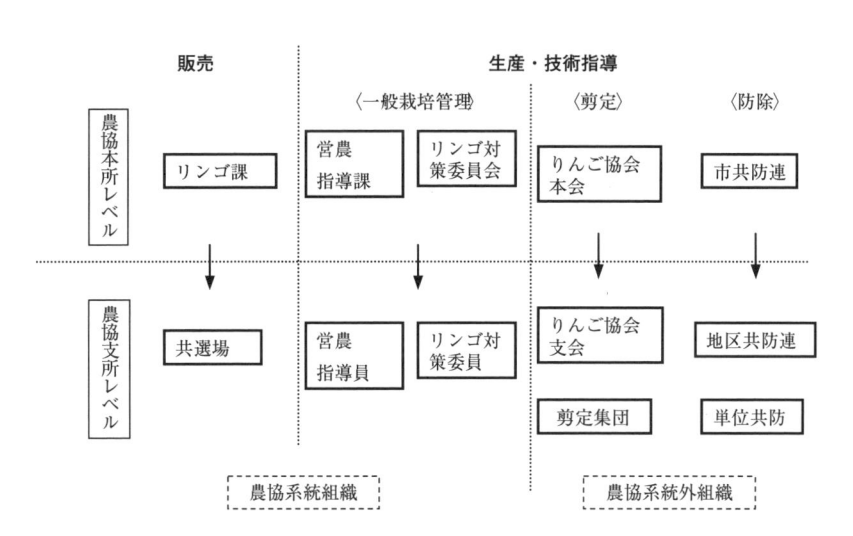

図6-1　青森県の共販主体産地における一般的産地組織構造
注：旧黒石市農協浅瀬石支所における調査（2003年）に基づき作成

にある。販売については販売担当課が掌握し、分荷、選果基準などさえ農家
が意思決定することはない。技術指導については、営農指導担当課と農家の
代表で構成される生産委員会などが技術体系を決定して、営農指導員が指導
を行う。この共販組織に属する二つの機能が統括される場は理事会となる[1]。

残る剪定、共防の二つは共販外で組織されている。共防組織については、
上部組織として地区共防連、市町村共防連、県共防連というラインが存在す
るのは第3章で指摘したとおりである。このラインにおいて防除技術は普及
していく。実際には、県共防連の事務局が全農青森県本部内にある、地域の
防除暦が共防連と農協の営農指導課とで検討される、末端の共防組織が共販
から補助を受けるなど共販とのつながりは深いが、あくまでも共販外組織で
あり、地域によっては共販のかかわりの薄い共防組織も存在する。剪定につ
いては剪定技能の習得や請負剪定といった機能を各地に存在する剪定集団が
担っている。剪定集団は大概がリンゴ中興の祖と呼ばれる外崎嘉七を起源と
する地域的自発的な組織である。それぞれが固有の剪定技能を持ち、継承す
ることで存続している。また、剪定集団は農民団体である青森県りんご協会
の役員供給源である。りんご協会は青森県全域を範囲として成立している組
織で、旧村程度を範囲とする支会とそれを集約する本会の2階建て組織とな
っている。

2） 縦割り型産地構造の利点と課題

縦割り型産地構造は指示ルートを明確にして多数の農業者を管理すること
や、専門的な担当者を育成するのに適している。特に販売は、産地商人との
対抗上、専門性が強く求められる。また横断型産地構造では、農家から選出
された役員が、分荷先や選果基準などの販売、技術選択について意思決定を
行うが、青森県の共販組織において、農家はそのような意思決定を行わない。
数量調整は、ミカンの摘果のように生産段階から調整されるのではなく、収
穫後調整が主であり、この限りでは縦割り型組織は数量調整に対応しやすい
組織構造である。

第6章　青森県内産地における産地構造と再編方向　131

　このように販売では、農家の意思は入口の出荷行動で示されるのみで、一旦出荷した以上は農協の販売に従うことになる。そのため、共販率の低い要因となるのであるが、一方で計画的な出荷が可能となり、量販店との計画的な取引がしやすくなるのである。この点、青森りんご産地の量販店への対応能力は高い。

　残りの課題のうち、商品開発及び技術導入であるが、例えば収穫後の選別により作り出しうる商品であれば、縦割り型産地構造においても対応可能である。しかし、生産技術から変革しなければならないような商品、例えば、新品種や減農薬栽培、無摘葉栽培などは縦割り型産地構造では対応が難しい。また、技術導入にしても単なる部分技術であれば縦割り型産地構造で対応可能だが、こと剪定技術などで農家の実証や工夫が必要な品種や台木の新規導入は対応困難である。縦割り型産地構造自体は量販店対応に適しているため、基本構造を変えずにこのような機能を付加するような再編が課題である。

3）農協共販出荷主体産地の再編方向

　縦割り型産地構造が商品開発に対応するためにはどのような再編が必要であろうか。それには、商品開発や技術導入を機能とする部分組織を設置することが重要である。そのような取り組み事例としてつがる弘前農協の「ひろさきふじの会」があげられる。

　つがる弘前農協は、弘前市（旧相馬村、旧弘前市石川地区を除く）、藤崎町（旧藤崎町）、大鰐町、西目屋村、平川市（旧碇ヶ関村）を管内とする。管内のリンゴ面積は約9,000ha、リンゴ集荷量は約6万tに達する大産地共販である。農協の中では抜群の出荷単位で、その出荷戦略は、リンゴの価格形成や他産地の出荷戦略に大きな影響を与える。

　つがる弘前農協の販売戦略は、数量調整を核とする戦略である。農協共販であることから、売り切ることが販売目標の基本におかれるが、そのために卸売市場では東京青果や大果などの大規模荷受会社、小売業では巨大小売量販店を軸に分荷戦略を組む。卸売市場対応としては、対応ランクにより、荷

受会社を毎日2,000ケース（1ケースは10kg）出荷するAグループ、毎日800～1,500ケース出荷するBグループ、価格を見て出荷するCグループの3つに分類し、Aについてはそこでの最大出荷者となるように出荷する。そして東京青果、大果には全体であわせて100万ケース出荷し、当該年の取引の基礎となる価格を形成し、周辺市場に、転送価格よりも低い予定価格で出荷して、その差額を得るという戦略である。このため、取引市場は44市場に及ぶ。

小売業者対応としては、契約的取引を推進している。特に、数量を武器に、フェアやチラシ販売などの企画対応を積極的に行っている。販売戦略との核となるのが巨大小売量販店I社とE社の2社である。I社とは本部と市場を通さない直接の取引を行い、E社とは他の4農協と連合して全農青森を窓口に、予約相対取引を実施している。この2社の企画は1日当たり数千ケースの出荷になるなど規模が大きく、他産地では困難な対応であるが、つがる弘前農協では11月中旬以降は問題ないとしている。このような対応は、量販店と農協との関係を強化することとなり、その結果、従来は他県産地がきり上がるまでつがる弘前農協のリンゴは取り扱われなかったが、E社が11月から無袋ふじを取り扱うなど、取扱時期が拡大している。

さらに近年、青森県リンゴ産地では輸出が有力なチャネルとなっているが、つがる弘前農協においても、約20万ケースを出荷している。代表的な出荷先は台湾の大手小売量販店で、契約的取引を行い、46～50玉という小玉中心に出荷している。

このように、数量調整による有利販売を図る一方、農家の精算を向上させることを目的として、高価格販売に向けた特殊な商品の開発も行っている。その一つは年内のギフト販売である。大口はゆうパックの1万ケースである。ギフトの対象となるのは特Aの36玉で、これについては収穫後の選果により作り出される商品である。もう一つが、生産過程を変革するような新商品の開発である。その中で最も成功した事例が「ひろさきふじ」である。

「ひろさきふじ」はふじの枝変わりの中生種として、農家により育成された品種である。2007年には出荷量は約10万箱に達し（図6-2）、生産者精算

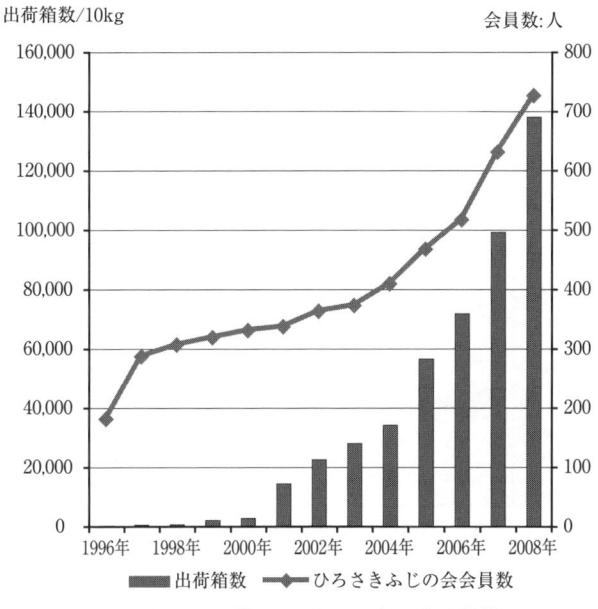

図6-2 「ひろさきふじ」の普及過程
出所：第34回木村甚弥賞贈呈式のしおり

価格は4,507円/10kgと高価格で販売されている（図6-3）。その普及推進母体となっているのが「ひろさきふじの会」である。「ひろさきふじの会」は育成者の親族を会長とし、つがる弘前農協の組合員であることを参加資格とする共販組織の部分組織である。その機能は市場折衝、栽培マニュアル作成、現地指導会など販売、技術を横断している（図6-4）。いわば縦割り型産地構造に横断型産地構造が収まったような構造となっている。

　この「ひろさきふじの会」のように、商品開発のための部分組織には、選果基準策定などの販売機能や技術実証・選択機能を併せもち、農民自身が意思決定に参与することが求められる。そして今後、その最も有力な担い手としてあげられるのが、剪定集団の構成員である。なぜなら、剪定集団はリンゴ技術の中核である剪定技術を掌握し、地域の普及構造の頂点に立つ存在だからである。剪定集団は剪定請負により零細農家を下支えしている存在であ

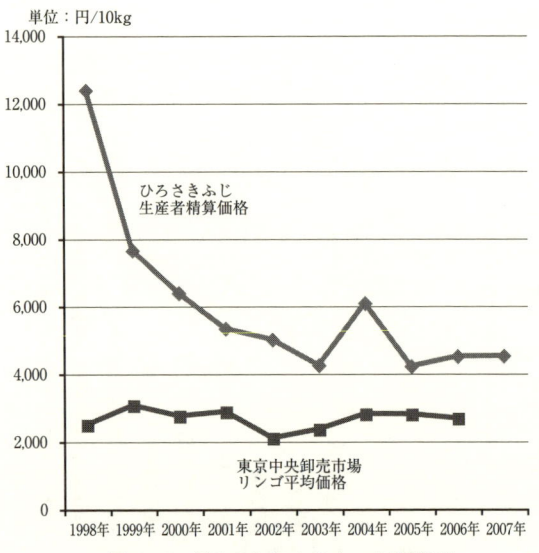

図6-3 「ひろさきふじ」の価格推移

注：「ひろさきふじ」は生産者精算価格であるので、市場価格から手数料、出荷費用などが控除された額である。
出所：第34回木村甚弥賞贈呈式のしおり、東京都中央卸売市場年報

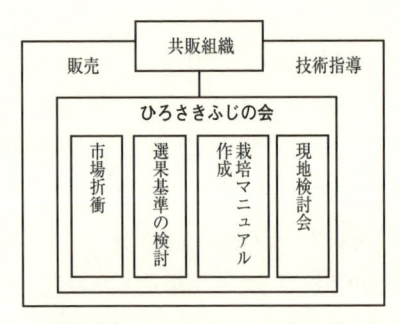

図6-4 共販組織における「ひろさきふじの会」の位置

出所：つがる弘前農協担当者聞き取り（2008.2.19）、青森県中南県民局地域農林水産部普及指導室資料、第34回木村甚弥賞贈呈式のしおり

るが、彼らが新技術を導入するのを補助すれば、先駆者利潤の配分という形で彼らを支援することとなる。その結果、商品開発、新技術導入に対応しながら、生産組織の支援を果たしうる。

もう一つの重要な生産組織である共防組織は、販売戦略との連携を強化し、共販に取り込んでいく方向が望まれる。共防にも農協に近い共防もあれば疎遠な共防もあるが、協力的な共防には特別栽培などに取り組んでもらい、その成果を共防組織に還元すれば、より共防組織のメリットを明確にすることができる。そして、共防組織を支えるオペレーター層に対して、地域農業維持手当として賃金を割り増しすればオペレーターの離脱防止が期待できる。このような取り組みを広げていくことが望まれる。

　以上のように、階層分化により弱体化する生産組織を積極的に共販にとりこみ、それを競争力向上に転化させる試みが重要であると考える。

4．産地市場出荷主体産地における産地構造と再編方向

　青森県において、農協共販と勢力を二分する出荷主体が産地商人である。産地商人に至るまでの集荷ルートには従来、産地商人直接買い付け、仲買人、産地市場の三つがあった。しかし現在は直接買い付けや仲買人のルートが著しく細くなり、産地市場のウェイトが大きくなっている。そこで、産地市場を経由して産地商人に集荷される場合の産地構造と再編方向について検討する。

1）産地市場出荷主体産地の産地構造

　農協共販主体産地と同様に、この場合においても産地機能として販売、技術指導、剪定、防除の四つが必要となる。このうち、剪定、防除は共販の場合と同じである。販売機能は集荷と出荷で2組織に分かれる。農家から集荷するのが産地市場、産地市場から調達し、県外市場に出荷するのが産地商人である（図6-5）。産地商人の機能は、選果、保管、出荷であり、生産には関与しない。一方産地市場の弘果は、およそ7,000戸の農家からリンゴを集荷し、買参人である産地商人に販売している。7,000戸の農家は大概が360ある出荷組合に属している。販売情報や連絡情報は出荷組合を通して農家に伝

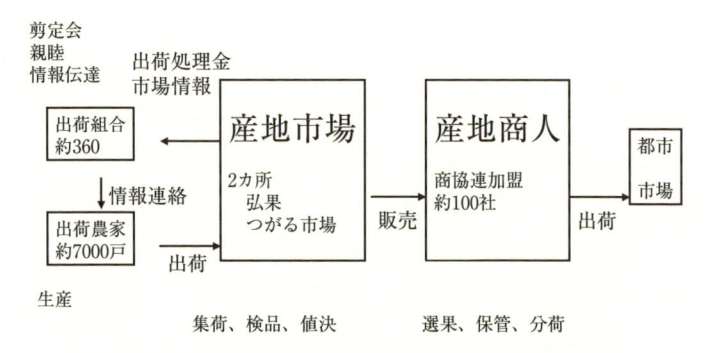

```
    剪定会
    親睦              出荷処理金
    情報伝達          市場情報
   ┌──────┐       ┌──────┐      ┌──────┐      ┌──────┐
   │出荷組合│ ←──── │産地市場│      │産地商人│ ───→ │都市  │
   │約360 │       │      │      │商協連加盟│    │市場  │
   └──────┘       │2カ所 │      │約100社 │    └──────┘
      ↓情報連絡    │弘果  │      │      │
   ┌──────┐      │つがる市場│ ──→ │      │
   │出荷農家│ ──→              販売         出荷
   │約7000戸│      
   └──────┘       
      生産          出荷
              集荷、検品、値決      選果、保管、分荷
```

図6-5　産地市場出荷主体産地における販売機能の分担
出所：弘果りんご販売担当部長聞き取り（2009.3.5）

達されている。また、出荷組合は出荷処理金（出荷3000万円以上で7/1000、500～3000万円で4/1000）が支払われている。出荷組合の連合会である出荷組合連絡協議会は剪定会などを主催するが、弘果ではその事務局機能を担っている。以上のような生産への関与はあるが、技術指導は行っていない。そのため、結果的に技術指導機能は青森県りんご協会の各種指導に依存している。

2）産地商人・産地市場の新たな消費市場対応

　産地市場、産地商人に機能を分化させた産地構造は、農協共販と比べてさらに大量のリンゴを処理することを可能とするとともに、高い専門性を生じさせている。従来、産地商人はリンゴ価格の季節間格差を背景に、数量の季節調整による投機的販売をビジネスモデルとしていた[2]。そのため、長期貯蔵を可能とするCA貯蔵庫の導入に多額の投資を行い、農協を凌駕する貯蔵能力を備えている。そして、より高価格で販売するために、きめ細かい集約的な選果を行い、より高く販売しうる市場開発に努力している。

　しかしながら、小売主導型青果物流通システムのもとでは、このようなビジネスモデルはそぐわなくなっている。なぜなら、小売が求める計画的な出荷は投機的販売と対立的な販売方法であり、生産工程の保証は生産に関与し

第6章　青森県内産地における産地構造と再編方向　137

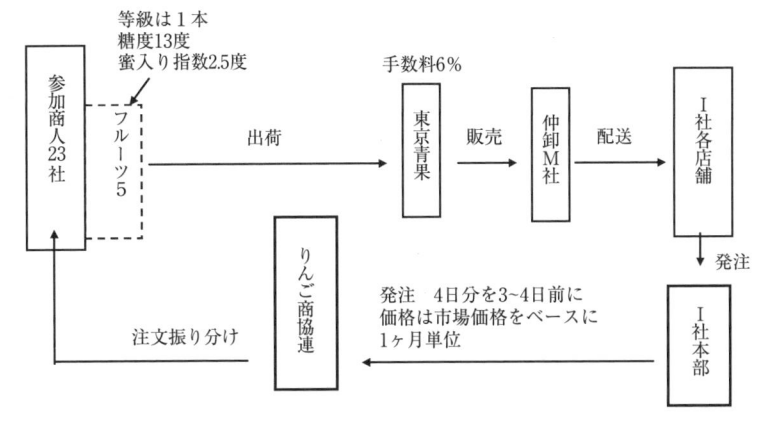

図6-6　商協連の共販事業の仕組み

出所：商協連専務理事聞き取り（2009.3.5）

ない産地商人には対応困難であるためである。しかし、これらの点を産地商人は産地市場との連携のもとで克服しようとしている。

　第1に、産地商人の連合体である青森県りんご移出商業協同組合連合会（以下、商協連）を場として、共同販売を実施しているということである。契機となったのは巨大量販店との相対取引である。その中では費用に応じた値決めや計画的な調達、選果基準の簡略化などこれまでと異なるビジネスが展開されている。仕組みは図6-6の通りである。等級は1本で各社はフルーツ5（非破壊選果機）を取り入れて品質を揃えている。価格は費用をベースに、市場価格を加味して決められるので、費用に糸目を付けない仕入などもできない。この事業に参加しているのは23社で、取り組みの多い業者でも5％程度にすぎないとされるが、量販店対応に向けた産地商人の新たなビジネスモデルとして注目される。

　第2に、産地市場は産地商人の販売を支援するために、トレーサビリティシステムの開発や「つがりあんアップル」の取り組み、高齢者を対象としたリンゴ集荷箱の積み卸しの手伝いなど生産への関与を強めていることである。トレーサビリティシステムは無登録農薬問題の発生を端緒に2003年から開始

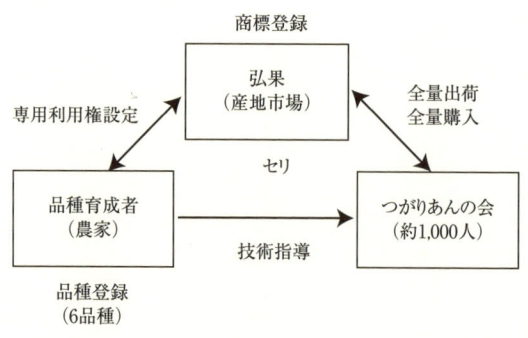

図6-7 「つがりあんアップル」の仕組み
出所：弘果りんご販売部長聞き取り（2009.3.5）

している。保証がなければ産地商人が十分な販売活動を行えなくなる可能性もあったためである。具体的には、出荷時に産地市場は個人防除日誌、栽培日誌、協定書、圃場・品種登録書を受け取り、データベースに打ち込み、リンゴの木箱には個人票を付けて販売する。産地商人はWEB上でトレーサビリティの内容を確認でき、生産保証のついたリンゴを販売できる。産地市場と産地商人の役割分担による販売対応である。

「つがりあんアップル」は弘果が独自に商品開発するために、2002年から開始した取り組みである。その内容は図6-7の通りである。農家が育成した品種に対して、弘果が専用利用権を設定し、同時に「つがりあんアップル」として商標登録する。生産は弘果の組織した「つがりあんの会」の会員農家が行う。生産されたリンゴは全量弘果に出荷され、弘果はセリで販売する。品種育成者は「つがりあんの会」に対して技術指導を行う。卸売市場が主体となった商品開発の取り組みとして注目される。

3）産地市場出荷主体産地の再編方向

上述の取り組みは、産地商人や産地市場の存在意義を再確立する上で極めて重要であったといえる。しかし、リンゴ産地の課題のうち、新商品の開発や量販店への対応は成し得る構造となっているが、生産組織の維持について

は取り組みが不十分であるといわざるを得ない。リンゴ面積が右肩あがりであった時代は産地商人や産地市場は集出荷に集中していればよかった。しかし、リンゴ面積が右肩下がりで推移し、オペ農家へのメリット措置など地域リンゴ農業の維持のためのコスト負担が求められている現在、コストを分担しなければフリーライダーのそしりは免れ得ない[3]。そしてリンゴ農民も産地市場や産地商人から離れていってしまうことになるだろう。特に生産組織で守られている小規模層は有袋栽培の比率の高い階層であるため、有袋の長期貯蔵リンゴを取り扱う産地商人にとっては、その保持は極めて重要な課題となるはずである。それに対応するためには、まず、産地市場と産地商人の両者で地域のリンゴ農業維持のためのファンドを作り、ひとつには共防組織にオペレーター賃金かさ上げのための補助金を支出すること、もうひとつにはりんご協会と連携して剪定請負システムを構築し、その運営コストを負担することが考えられる。このようなシステムを構築することができれば、今後とも農協共販と伍していく存在となるだろう。

5．おわりに

「構造改革」のもとでは、従来の低賃金職種の解体により、中高年層の農業滞留と零細農家を中心とする若年層の農村流出を通じて、リンゴ農家の階層分化が進むとともに、独禁法の緩和等で巨大化した小売企業からの産地への圧力が強くなっている。リンゴ果汁輸入の自由化、生果輸入の解禁、検疫の緩和など国境措置が弱まる中で、リンゴ経営安定対策をはじめとする、国家によるリンゴ農家保護の必要性は主張しつつも、地域が主体的に市場に対抗していくことが農業・農村を維持するために不可欠である。地域が市場と対峙する際、前線に立つのが共販であり、産地商人である。そのもとで地域の農家各階層の力が結集され、一方で、地域の農家層が産地のもとで保持されるという仕組み作りが求められる。その仕組みの実現のためには、分業、専門化などの論理に、総合化、統合化などの論理を付加していくことがより

一層重要となろう。

注

1) これと対照的なのが横断型構造である。岩手県江刺リンゴ産地がその典型であるが、共販組織として農家で構成される部会組織があり、その中に選果場運営委員会、品種・技術検討委員会という販売、技術に関する意思決定を行う機関がおかれ、それを統轄する機関として役員会がおかれている。つまり、販売、技術について農家が最終的に意思決定をすると同時に、販売、技術を統括して農家が議論し、意思決定する場が設けられているのである。さらに江刺の場合は、技術の中に防除、剪定も含まれている。これが横断型の典型的な構造で、技術実証と試験販売を繰り返しながら農家に普及を進め、技術および商品を確立することをしやすくしている。
2) 田辺（1972）、豊田（1987a）等参照。
3) 市場開拓の側面からすれば、産地商人が先行開拓しており、その点では農協共販の方がフリーライダーともいえる。ことに輸出における産地商人のこれまでの努力は特筆される。ただし、地域農業の衰退への対処は産地の存立問題として根本的に重要であるため、フリーライドは特に重視される。

第7章　小売主導下における青森県外産地の新たな産地戦略

1．課題

　本章の課題は、リンゴ産地の新たな再編方向として、特別栽培リンゴ生産の取り組みを核とした産地組織及び販売戦略のあり方を示すことである。
　青森県産リンゴの存在感が大きいリンゴ市場において、他県は青森県との競合回避が大きな課題である。しかし、第5章で示すとおり、青森県内のリンゴ産地は前進出荷を進めており、青森県外の各産地は生き残りのために必死に競合回避を模索している。
　かつては青森県産地に対する青森県外産地の競合回避方策として、時期、市場、品種などの他に、新技術や新品種導入による高級商品の開発が有力であった。これは、新技術や新品種を導入し、新たな高級品を開発し、高級品市場に参入するという戦略である。
　こうした戦略は、青森県内産地がそのような新品種、新技術導入による新商品の開発に消極的であったことや、1980年代までは高級品市場が拡大していたことを背景に成立していた。しかし、この戦略が依拠する高級品市場は、百貨店業界の不振に示されるとおり縮小してきており、また青森県内産地においても、近年、新品種の導入による新商品の開発が進められるとともに、年内市場への参入を強めていることから、展開する余地は狭まっている。
　加えて近年、巨大化した量販店が卸売市場を抑えて流通を主導する、小売主導型の流通再編が進められている。リンゴにおいては青森県内産地で小売との結合の動きが活発であるが、他県では乏しい。しかし、小売との結合は有力な競合回避方策であり、他県でも検討が必要であると考えられる。ただし、その際は取引において産地側の主体性を確保することが大きな課題とな

る。

　従来、リンゴ産地が高級品志向の戦略をとる際、高糖度果実を高級品とした[1]。その技術的基盤となったのが光センサー等を用いた非破壊内部品質測定装置であった。しかしながら、高級品市場が縮小している上、青森県内産地においても普及が進んだことにより、こうした装置を中核に構築される産地戦略の優位性が低下している[2]。その一方、1990年代末の食中毒や食品偽装、残留農薬問題の多発で、安全性を訴求する小売業が増え、安全・安心が小売業者間の競争要件となっていることが指摘されている（木立 2003）。

　以上のことから、青森県外のリンゴ産地では、安全性を重視した新たな技術的基盤のもとに、製品戦略、チャネル戦略を再編し、量販店が優位に立つ青果物流通システムに対抗していくことが喫緊の課題となっている。そこで、特別栽培を核として産地戦略を再編し、量販店との対等的な取引を実現したリンゴ産地を分析することにより、上述の課題に接近する。具体的課題としたのは以下の3点である。第1に、産地戦略再編における特別栽培の意義を明らかにするために、産地戦略の再編過程を分析する。第2に、技術的困難性を伴う特別栽培の導入条件について産地組織のあり方から分析する。第3に、量販店と対等な関係に持ち込むには互恵的な関係が重要であるが、特別栽培リンゴを通じていかなる要因で成立しているか分析する。

2．分析視角と調査対象

1）特別栽培リンゴとは

　特別栽培とは、国の定める「特別栽培農産物に係わる表示ガイドライン」に基づき認証される、減農薬、減化学肥料農産物の規格である。いわゆる慣行とされる栽培方法に対し、ガイドライン対象農薬、化学肥料を成分回数で半減させることが求められる。多くの農産物で取り組まれているが、果樹、ことにリンゴは慣用的に「農薬でとる」作物といわれるほど病虫害の種類が多く、そのために農薬も極めて多様である。また、病虫害が多発すれば、品

質、収量、さらには果樹そのものにまで被害が及ぶ。そのため、個人が取り組むならばともかく、産地が集団的に取り組むには、極めて高度な集団的管理が求められる。こうしたことから有志的なグループによる取り組みはあるものの、共販単位で取り組まれている事例は極めてまれである。

2）特別栽培リンゴの導入条件

　産地における特別栽培リンゴの取り組みを分析するためには、産地の防除体制を分析することが不可欠である。そもそも産地とは、地縁的・集団的に形成される生産地域の販売体制であるが、多数の意思決定主体から構成されるため、集団的な合意形成が重要となる。合意形成の場が農協生産部会等の組織であるため、産地戦略においては組織化戦略が極めて重要である。特別栽培リンゴのように防除体系を変更するような製品を販売戦略に組みこむには、防除体制が部会組織などに取り込まれていなければならない。防除については、これまで生産効率化や生産力向上の視点から共同防除組織（以下、共防組織）が分析されてきた（豊田 1982）が、市場対応の視点からの分析が求められる。

3）特別栽培リンゴの販売上の意義

　高糖度品は百貨店をはじめとする高級品市場に向けた商品であった。しかし、高級品市場が縮小している現在、量販店との取引をいかに有利に運ぶかという視点で、販売戦略を構築することが重要である。取り組みが始まったばかりという状況にある特別栽培リンゴも、まずこの枠組みの中で検討すべきと考える。

　特別栽培リンゴの商品としての性質をみた場合、目の前にはない栽培管理過程を評価してはじめて付加価値がつくという特質をもつ。そのため、セリ取引のような即時的な取引よりも、小売との直接的、継続的な取引のもとでこそ取引されやすく、効果も発揮される商品であると考えられる。長期継続的な取引の成立において重要なのは、双方にメリットがあるような互恵的な

関係を構築しうるかという点である。このため、特別栽培リンゴは、産地と小売との互恵的な関係構築という視点で意義づけられることが求められる。

4）対象

事例として、先駆的に特別栽培リンゴに取り組んでいるいわて中央農業協同組合[3]とその主たる取引先であるF社をとりあげる。いわて中央農協はリンゴ面積約950haを有する産地である。F社は、売上高3,000億円程度の中堅チェーンスーパーである。いわて中央農協とF社の取引は2001年頃からと長くはないが、短期間に関係を深め、現在の取引高は2億円に至っている。

3．特別栽培導入による産地再編の実態

1）いわて中央農協管内の農業の概況

いわて中央農協は、盛岡市、紫波町、矢巾町を管内とする農協である。これらの地域は地方中心都市の盛岡市の近郊にあることから、それへの農産物供給産地として零細規模の複合経営が展開されてきた。そのため、米地帯などと比較すれば担い手は存在するが、リンゴ大産地の青森県と比べると、労働力基盤が弱体的で、1戸当たりリンゴ面積も小さい（表7-1）。

表7-1　いわて中央管内の農業構造

単位：戸、％、a

項目	岩手県				青森県
	盛岡市	紫波町	矢巾町	県計	県計
販売農家数	2,786	2,625	1,383	67,330	50,790
専業農家	16	12	11	16	23
世帯主農業主農家	51	46	39	46	59
世帯主恒常的勤務農家	26	31	32	33	19
世帯主日雇出稼農家	2	5	3	5	4
65歳未満男子専従者のいる農家	35	30	24	27	43
専従者女子のみ農家	17	12	12	11	10
専従者なし農家	38	48	57	50	37
稲単一経営	42	60	68	58	40
果樹単一経営	13	4	2	2	23
複合経営	37	32	25	25	22
平均リンゴ面積	63	43	34	61	99

出所：2005年センサス

2) いわて中央農協のリンゴ産地展開

　いわて中央農協は広域合併農協のため、合併前はそれぞれ異なる産地戦略をとっていたが、本稿では、その中でも現在につながる産地戦略が展開されてきた、盛岡市都南地区を対象に分析する。都南地区は、かつて都南村として独立した市町村であったが、1992年に盛岡市に編入された。いわて中央農協のリンゴ産地の展開は、産地戦略によって3期に区分できる。以下では現在の産地戦略に至る背景を明らかにするため、各時期の産地戦略の特徴と限界について分析する。

(1) 高級品産地指向期（1990～1994年）

　地方都市に近いという社会的立地条件や、北上川中流に位置し緩傾斜地が豊富に存在すること、および盆地のため風害が少ないという自然立地条件を活かし、盛岡市周辺では第2次世界大戦前からリンゴ産地が展開し、岩手県内では優等地的な存在であった。

　一方、戦前から展開する産地のため、地元の盛岡中央卸売市場に直接出荷する農家が多く、農家にとって農協共販は2番手的存在であった。このため共販を中心とする集団的な産地展開の取り組みは遅れ、1990年代に入ると、1980年代後半から大都市向けに高級品的産地展開を図った県内の江刺リンゴ産地に対して、単収、価格ともに後れをとるようになった（図7-1）。そこで、相対的にリンゴ専業農家の比率の高い都南地域では、1990年代前半から共販を中心とする産地展開が図られるようになった。

　まず、1990年に北乙部、乙部、飯岡農協が合併して都南農協が成立した（表7-2）。りんご部会は1991年に乙部、北乙部地区が統合し、1994年に飯岡地区部会が合流した。部会では、地区班と共防組織を母体に役員会がおかれ、その下に防除、技術、販売の3専門部会が配置された。発生予察も統一された。

　販売戦略としては、市場出荷を前提とした高級品産地を指向した。贈答品、

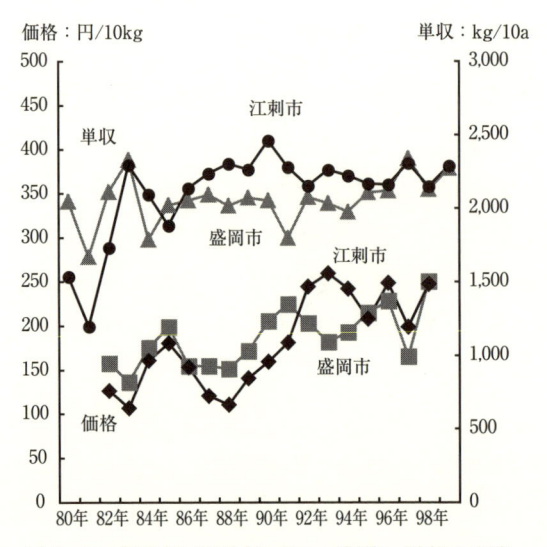

図7-1　盛岡市と江刺市のリンゴ価格・単収の比較
出所：岩手県農林水産統計年報、農林水産省統計情報部資料

　高級品を重視して、それをテコに産地の高級品イメージを向上させつつ、価格向上を下級品まで浸透させながら、生産者の意識向上と生産指導の強化により高級品比率向上（大玉化）を図った（表7-3）。贈答品商材として葉とらず栽培リンゴのブランド「葉ップル」（等級なし、糖度15度以上）をつくり、ブランド力向上のため1994年に導入した光センサー選果機により糖度も保証した。このような製品戦略中心の販売戦略がとられていた。
　しかし、高級品産地の展開は追求しきれなかった。それは、第1に、高級品向けの上位等級品が集まりにくい産地構造を打破することができなかったということである。本地域は、①地場市場志向が強く共販率が低い。②生産の主体が労働力基盤の弱体な女性農家、高齢農家、兼業農家にある。③大規模専業農家では直売の客が確保しやすく、上位等階級品を贈答向けに個別販売する傾向にある等の特徴がある。特に②や③の問題が年々大きくなった。第2に、百貨店をはじめとする高級品市場が成熟化する中で、後発産地の高

第7章　小売主導下における青森県外産地の新たな産地戦略　　147

表7-2　いわて中央農協部会組織の展開（都南地区中心）

	高級品産地指向期	相対取引推進期	相対取引再編期
時期	1990～1994年	1995～2000年	2001年～
農協	・北乙部、乙部、飯岡農協合併、都南農協が成立（1990年）	・都南、紫波、矢巾農協合併、いわて中央農協が成立（1999年）	・いわて中央農協に盛岡市農協吸収合併（2006年）
りんご部会	・乙部、北乙部部会統合（1991年） ・都南全地区部会統合（1994年） ・部会-地区班、および防除、技術、販売の3専門部会体制	・部会-支会（都南、紫波、矢巾）－地区班体制 ・専門部会は部会専門部会－支部専門部会（3部会）	・部会-支部会（都南、紫波、矢巾、盛岡）体制 ・専門部は前期と同断
防除体制	・北乙部地区で発生予察開始（1980年） ・都南地区統一発生予察開始（1994年）	・都南地区で交信攪乱剤試験（40ha）が開始（1996年）	・交信攪乱剤、都南全域、および紫波、矢巾の一部に拡大（300ha、2002年） ・全地域統一防除、交信攪乱剤　全面積設置統一発生予察開始（2003年） ・特別栽培認証の取得（2004年） ・特別栽培の地域ローテーション開始（2007年）
設備投資	・光センサー選果ライン導入（1994年）	・蜜入りセンサー導入（1998年）	

出所：都南およびいわて中央農協販売対策会議資料（各年度）、都南およびいわて中央農協総会資料（各年度）、いわて中央農協担当者聞き取り

表7-3　いわて中央農協の販売戦略の展開

	高級品産地指向期	相対取引推進期	相対取引再編期
販売戦略	製品戦略重視	チャネル戦略重視	製品戦略とチャネル戦略の併進
製品戦略	・ギフト重視、大玉果生産奨励（36玉以上） ・「葉ップル」（葉とらずブランド、糖度保証）開始（1990年）	・蜜入りリンゴ（蜜入り、糖度保証15度以上）開始（1998年）	・特別栽培導入による共選のA、B、C3ライン体制化（Aが特別栽培） ・下位等階級品の特別販売 ・等級に「赤優」を追加（2004年） ・小玉完熟リンゴ「じゅくりん」開始（2003年） ・格外個選品の1.7kg詰め、2個パック開始（2006年）
取引形態	市場委託販売	予約相対取引開始	商物分離方式開始

出所：都南およびいわて中央農協販売対策会議資料（各年度）、都南およびいわて中央農協総会資料（各年度）、いわて中央農協担当者聞き取り

級品市場への参入は難しくなっていた。以上のことから、産地では新たな展開を模索する必要があった。

(2) 相対取引推進期（1995～2000年）

1995年頃から旧都南農協は高級品指向の展開から、量販店との相対取引による量販品指向の展開を模索した。

まず、贈答商品の相対取引を開始した。地元の百貨店および特産品販売会社を相手に、「葉ップル」や上位等階級品の市場を介さない契約取引をした。1998年に蜜入りセンサーを導入してからは、蜜保証ブランド「蜜姫」（特秀、秀の蜜入り、糖度15度以上）、「純蜜倶楽部」（優、無印の蜜入り、糖度15度以上）をつくり、これらを小売業者に販売した。1997年頃になると、量販店を相手に、一般品まで含めた相対取引を開始した。その影響は、取引市場にも現れ、予約相対取引に熱心に取り組む市場との取引量を拡大した。その典型は横浜金港青果である（表7-4）。以上のような販売戦略の変化は、製品重視戦略からチャネル重視戦略への転換と捉えることができる。

相対取引のメリットとして、いわて中央農協が期待したのは販売価格と販売量の安定であった。販売戦略の根幹にあるのは、販売量の大部分を占める下位等階級品の価格の底上げであった。下位等階級品は販売時期が遅れるほど値崩れした。このため、安定的な取引先を確保し、早い時期に売り抜けることが基本的な価格維持戦略となった。さらに、量販店と互恵的な関係を築き得れば、市況に左右されない安定的な価格が得られるだろう。気象障害果等の販売などにも協力が得られる。このようなねらいのもと、販売先との「顔のみえる心の通う」関係[4]の構築を図ってきた。その際、ナショナルチェーンスーパーは対象としなかった。その理由として、①ナショナルチェーンスーパーは一品目当たり数産地と取引することが多く、関係が深まらずにバイヤーの異動で契約が打ち切られることが多い、②事業展開が全国的なため、競合するその他多くのリージョナル、ローカルチェーンに売り込みにくくなる、③市場価格には地域差があり、産地側としては高い地域を狙うのが通常

第 7 章　小売主導下における青森県外産地の新たな産地戦略　149

表7-4　いわて中央農協の取引チャネルの変化（都南地区中心）

	高級品産地指向期	相対取引推進期	相対取引再編期
主要取引市場	出荷額（1995年） 京都合同青果　111百万円 東京築地青果　74 川崎中央青果　70 東京新宿青果　27 盛岡中央青果　25 横浜金港青果　16 東京千住青果　11 合計　　　　383百万円	出荷額（2001年） 横浜金港青果　205百万円 京都合同青果　87 川崎中央青果　81 東京シティ青果　45 東京新宿青果　11 岩果　　　　　6 岩手県南青果　6 合計　　　　495百万円	出荷額（2007年、カッコ内は相対比率） 横浜金港青果　316百万円（85%） 京都合同青果　106　（10%） 広印青果　　　67　（ 6%） 東京青果　　　53　（ 8%） 川崎中央青果　38　（ 1%） 東京シティ青果　29　（22%） 東京千住青果　29　（ 2%） 合計　　　　795百万円
主要取引量販店	特になし	・ギフト中心から全面的な相対取引への展開 ・岩手県K百貨店（贈答品・提携取引）　1995年開始、1999年中止 ・群馬県Lスーパー 　（コンテナ出荷）1997年 ・神奈川県Jスーパー 　（レンタルコンテナ）1997年 ・大阪府Iスーパー1997年	・相対取引の全面的展開、深化 ・愛媛県F社　　　　2億円 ・北海道S生協　　　4千万円 ・神奈川県Aスーパー　6千万円 ・滋賀県Hスーパー　4千万円 ・京都府Mスーパー　3千万円

注：「時期」と「主要取引先と出荷量」の対象年のズレはデータの取得制約による。
出所：都南およびいわて中央農協販売対策会議資料（各年度）、都南およびいわて中央農協総会資料（各年度）、いわて中央農協担当者聞き取り

であるが、ナショナルチェーンスーパーとの取引では全国の最安値に引きずられる等、産地側の従属性が高まったためである。

しかし、取引相手がリージョナルチェーンやローカルチェーン、百貨店だとしても、「顔のみえる心の通う」互恵的な関係は構築し得なかった。この時期代表的な取引先小売業のうち、地元K百貨店は、取引が贈答品以外に拡がらなかったため、1999年に取引を中止した。群馬県Lスーパーは、いわて中央農協の特徴的な品種である「さんさ」以外に取引は拡がらなかった。神奈川県Jスーパーはバイヤーが異動して取引が急減した。結局、取引が小売本位となったことから、いわて中央農協では相対取引を基礎としつつも、互恵的な「顔のみえる心の通う」関係構築のために、販売戦略を再編する必要に迫られた。

(3)　相対取引再編期（2001年から）

　いわて中央農協は量販店との予約相対取引を核とする販売戦略に舵を切っ

た。しかし、最も期待する下位等階級品の価格向上にはつながらず、取引先や取引量も増加しなかった。そのため、「顔のみえる心の通う」関係をさらに強化する方策をたてる必要があった。同時に、産地再編が必要となるようないくつかの環境変動が生じた。それは第1に農協の広域合併（1999年）であり、第2に2002年に発生した無登録農薬問題に端を発する農薬関係の法改正問題[5]であった。対応によっては、共販率低下、産地ブランド崩壊などを招きかねない大問題であった。

これに対し、産地では産地体制、産地ブランドを統一化する努力が進められた（表7-2）。部会体制はすでに1999年に再編され、いわて中央農協統一のりんご部会がおかれた。しかし、総会は旧部会にあたる支部会ごと別々に行われるなど、部会活動の中心は支部会にあった。選果基準、出荷単位も支部ごとであった。そこで2001年より、防除を先導役として、部会活動の統一を図った。すでに都南では、小売店の安全性の意識の高まりから、1996年には交信攪乱剤[6]を40haに設置していたが、2002年には都南地区全域と紫波、矢巾両地区の一部300haまで拡げた。同年、無登録農薬問題が発生すると、事態を深刻に捉えた産地では2003年2月に営農座談会を各集落単位に実施し、各農家の農薬に対する意識を高めた上で、管内全域統一防除暦作成、統一発生予察、交信攪乱剤全面積設置を実現した。このように、低共販率や弱体な労働力基盤など、むしろ無登録農薬問題やその後の政策変化には対応力が弱いと考えられる産地構造下で、対応のハードルを高く上げたのであるが、これが可能となったのは、各地区の共同防除組織が、各支部会の防除専門部の基礎単位としてりんご部会の傘下にあったことが大きな要因である。

選果基準や出荷体制も2001年以降、統一化へ向かった。産地体制が強化される2002年以降はその動きは加速化し、指導会、出荷目揃え会への参加を出荷者評価に反映させ、かつ管内選果場ならばどこでも出荷を可とした。

以上のように産地体制を強化した上で、「顔のみえる心の通う」販売戦略を推進し、産地体制をより安定化させるべく図った基本戦略が「あんしん産地」戦略[7]で、その核となるのが特別栽培の導入であった。

3）特別栽培の実施体制

(1) 防除体制

　いわて中央農協は、殺菌剤、殺虫剤、除草剤について、県の基準43成分に対して半分以下の21成分に抑え、豚ぷん堆肥を施用することによって、全農いわてより特別栽培の認証を取得している。農薬削減の方策は、①交信攪乱剤の使用、②残効性のある農薬の効果的、効率的使用にある。この2点を実現させるために重要なのが病虫害発生予察である。特別栽培に防除暦はあるが、常に予期しない病虫害発生のリスクにさらされる。また、病虫害発生には地域性があり、支部会ごとの合意形成が常に図られなければならない。このような問題に対処し、地域的な病虫害発生をコントロールするため、毎回の薬剤散布の前に予察会議が開かれる。予察会議の5日前には予察活動が行われ、地区班ごとの結果が会議で報告される。農協職員は、この結果を防除暦に照らして今回散布する薬剤を提案する。防除専門部会では、その内容を審議して散布薬剤を加減しながら散布を決定する。かかる綿密な合意形成が、薬剤散布ごと年10回行われる。出荷後に防除反省会、防除暦検討会が開催され、年の初めには発生予察講習会が行われる。

(2) 販売体制

　いわて中央農協は特別栽培導入にともない、共選をA、B、C、3つのラインにわけた。Aは特別栽培により生産されたリンゴのラインである。Bは特別栽培ではないが、農協の防除暦に従って栽培したリンゴのラインである。Cは農協の防除暦以外の基準で防除した園地で生産されたリンゴのラインである。ただし、Cラインも農家において薬剤散布履歴は記録されている。農協ではA、Bを相対取引向け、Cを卸売市場向け（セリ売り）としている。AとBの比率はおおよそ3：7であることから、販売の中心はB共選で、A共選は産地に興味を持ってもらうためのアイテムである。そのため、A共選のみほしいという小売業者に対しては、価格を倍にして提示する。そして極力

玉抜き[8]させずに全品種、下位等階級品までの取引に持ち込む。なお、管内の防除は基本的にA、Bの規格で実施されており、Cはよほど防除に失敗しない限りは生じない。そのため、Cの出荷は皆無の年の方が多い。

(3) 特別栽培導入の効果

　特別栽培リンゴの導入により、いわて中央農協は量販店との取引を拡充する。その顕著な例がF社との取引である。F社とは2000年より予約相対取引をはじめ、2001年には商物分離型の取引を開始する（図7-2）。取引を仲介したのは東京都中央卸売市場大田市場の仲卸業者の社員であるが、横浜金港青果に転籍したため、取引も横浜金港青果を介してなされる。当初は予約相対取引であるが、そもそも産地、小売ともに対応の早さや融通のつきやすさ、あるいはマージンの圧縮を求めて相対取引を志向しているため、すぐに商物分離型の取引に移行するのである。ただし、F社の支払は1ヶ月後のため、商流は横浜金港青果を経由させている。F社が希少である特別栽培の取り組

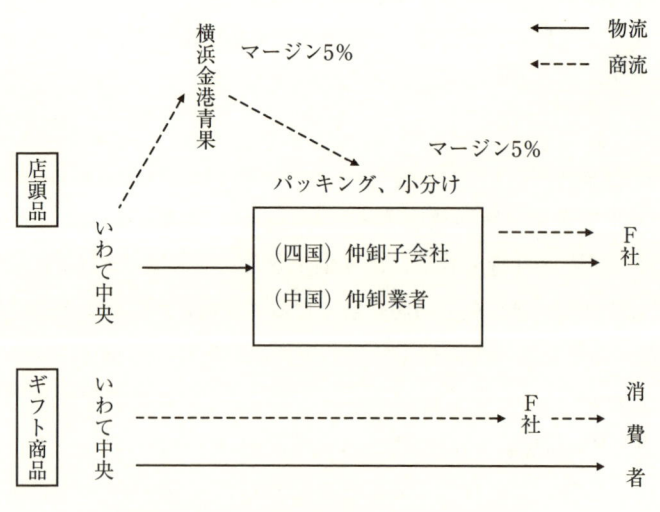

図7-2　いわて中央農協とF社の取引の流れ

出所：いわて中央農協担当者聞き取り

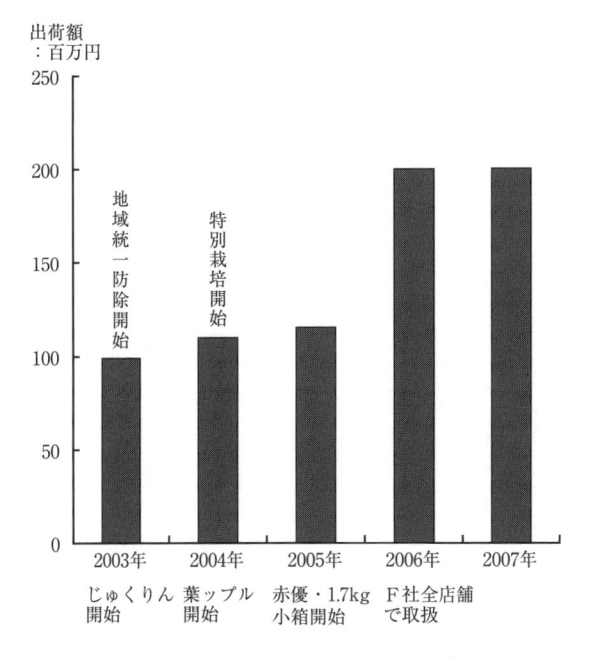

第7章 小売主導下における青森県外産地の新たな産地戦略　153

出荷額
：百万円

（棒グラフ）
- 2003年：約100　じゅくりん開始　地域統一防除開始
- 2004年：約110　葉ップル開始　特別栽培開始
- 2005年：約115　赤優・1.7kg小箱開始
- 2006年：約200　F社全店舗で取扱
- 2007年：約200

図7-3　F社との取引拡大過程

注：相対取引開始は2001年
出所：いわて中央農協資料

みを評価することにより、取引は急速に拡大し、2004年には1億円、2006年には2億円に達している（図7-3）。これは、いわて中央農協からすると、全リンゴ販売額（8.0億円、2007年）の約4分の1に当たり、F社からすると9月から2月までのリンゴ仕入額のほぼ100％に当たる。取引リンゴ種類数も年々増加している。そればかりか、この取引において、下位等階級品を特別販売できるような商品が次々と生まれている。

まず2003年に小玉完熟リンゴ「じゅくりん」（品種はふじ）を開始している。これはF社のバイヤーとの意見交換によってできた商品で、廉価販売されやすい小玉果（優〜無印の40玉、秀〜無印の46玉）に、完熟という付加価値を加え販売している。2007年度取引実績では、サンふじ（正常果46〜32玉）の平均農協販売価格が2,316円/10kgに対し、「じゅくりん」は2,809円/10kgで

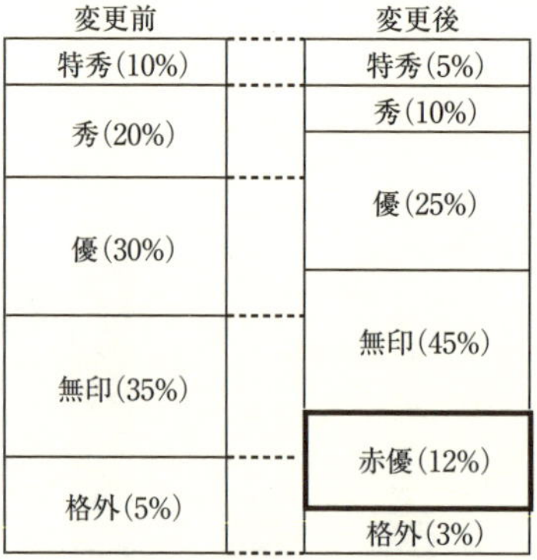

	変更前	変更後
	特秀 (10%)	特秀 (5%)
	秀 (20%)	秀 (10%)
	優 (30%)	優 (25%)
	無印 (35%)	無印 (45%)
		赤優 (12%)
	格外 (5%)	格外 (3%)

図7-4　等階級の再編

注：カッコ内は数量の比率である。
出所：いわて中央農協担当者聞き取り

ある。

2005年には「赤優」、「1.7kg小箱入り個選りんご」を開始している。「赤優」は従来の最下級等級「無印」のうちの下級品と格外品のうちの上級品をあわせて設定した等級（図7-4）で、これにより格外品の一部を製品に取り込めるようになる（格外リンゴの製品化）。格外品は加工に回されるが、2007年度実績によると、加工品の生産者手取価格217円/10kgに対し、「赤優」は同1,886円/10kgである。そればかりか、これを価格の基準点として卸売業者に示すことで、上位等階級品の引き上げを図っている。例えばかつては製品の最下級等級である「無印」を基準として2,000円/10kgで販売し、上位等級になるに従い500円/10kgずつかさ上げしていた。しかし新しい等階級では、基準の役目を「赤優」が果たすことになり、「赤優」が2,000円/10kgだとすると「無印」は500円かさ上げした2,500円/10kgとして、卸売業者等に示すことが可能となっているのである。それが可能となるのは、F社が「赤優」を基準品として購入してくれたためである。

「1.7kg小箱入り個選りんご」は格外のリンゴで、選別は農家が行い、農協を通して量販店に出荷される。この商品の出荷先も大部分はF社である。

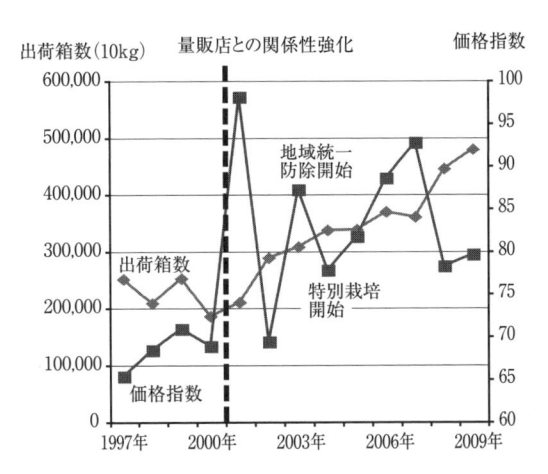

第7章　小売主導下における青森県外産地の新たな産地戦略　155

図7-5　特別栽培導入による共販の生産者平均手取価格指数の推移
注：生産者平均手取価格指数は、年産ごとの相場変動の要因を除去するために、青果物の相場を先導する東京中央卸売市場のリンゴ平均価格で生産者平均手取り価格を除したものである。
出所：いわて中央農協販売会議資料

2007年度取引実績では、生産者手取価格1,993円/10kgで、加工品より高い。「赤優」と同様、これも格外リンゴの製品化といえる。また、2006年には落果リンゴを販売している。

2007年の取扱は、「じゅくりん」が1,065万円、「1.7kg小箱入り個選りんご」は1,190万円に達している。これにより下級品価格の底上げが図られている。これらの成果は、全体の数字にも表れている。東京中央卸売市場の平均リンゴ価格に対するいわて中央農協産リンゴ出荷価格の指数は、販売戦略を再編して以降、顕著に上昇している（図7-5）。

高級品向けの上位等階級品が集まりにくい産地構造が変わらない中、販売戦略再編の大きな成果であるといえる。ただしこの成果は、生産者に周知を始めている段階にあり、共販率向上にはつながっていない[9]。

以上のように、F社との関係を深めることで、いわて中央農協は念願ともいえる下位等階級品の特別販売を果たし、共販の農家手取価格を向上させたのである。

4）F社側における関係強化の理由

　一方、F社はなぜいわて中央農協との関係を深めたのであろうか。ここでは、F社がいわて中央農協との取引関係を拡大した理由について、バイヤーへの聞き取り調査をもとに検討する。

(1)　F社の経営概要

　F社は、愛媛県松山市に本社を置くチェーンスーパーである。愛媛県と広島県を中心に中国四国地方の6県で91店舗展開している（2008年）。資本金は2008年2月決算時で159億2144万円、売上高は3,066億28百万円である。

(2)　F社の競争環境とリンゴの位置づけ

　F社には、生活提案型の大型ショッピングセンターと、生活必需品を供給する生活密着型スーパーという2種類の店舗があり、食品の供給内容も変えている。生活提案型の店舗では、ある程度の価格帯まで多様な商品が販売されるのに対し、生活密着型の店舗では、低価格帯を中心に厳選された商品が販売される。本拠である愛媛県では県外資本が多数参入してきて、生存をかけた競争となっている。バイヤーによると多様な相手と競争しているので「特徴がない」と評されるとのことであるが、その分、戦略的に重要な特定のカテゴリーでは特徴をもつアイテムを揃えて競争に勝とうとしている。

　旬の時期のリンゴは、まさにこの「戦略的に重要な特定のカテゴリー」である。売上高の大きいリンゴ類（全果実の13％）、カンキツ類（同13％）、バナナ（同15～16％）のうち、地元から調達できないリンゴはカンキツよりも重視している。消費者への訴求力も強く、小売店間の競争にも影響があるため、コーナーを広くしている。9月から2月までいわて中央農協産、3月以降、8月まで青森県の産地商人出荷のリンゴを取り扱っている。9月～12月の旬の時期は、いわて中央農協産を前面に押し立て「勝負」している。

　また、贈答リンゴも競争のための重要なアイテムであるが、店頭品と異な

る産地のリンゴを取り扱う他社と違い、店頭品と同じいわて中央農協産を取り扱っていることがF社の特徴である。その理由は果実担当バイヤーが「普段おいしいと食べているものを贈ってもらいたい」と考えているためである。

(3) いわて中央農協との相対取引理由と特別栽培リンゴの意義
　いわて中央農協と相対取引する以前は市場から仕入れていたが、「何を売って良いか分からない」、すなわちバイヤーとしてリンゴの販売戦略を立てることができなかったことから、産地から直接、企画提案を受け、他社と異なる品揃えをするために、産地と相対取引するべきだと考えていた。相手として、おいしいという印象を持っていた岩手の産地を考えていた。東京都中央卸売市場大田市場の仲卸業者の社員に相談したところ、いわて中央農協を紹介されたのが取引の契機であった。
　いわて中央農協を選択した理由には２点ある。第１に、岩手県内産地において、F社の販売規模に対応する産地規模をもつのはいわて中央農協のみである。第２に、いわて中央農協が特別栽培リンゴに取り組んでいることである。これにより、農薬の管理が適正な産地と判断でき、消費者にも提案できる。
　そして取引の結果、次の２点が利点として明かになってきた。
　第１に、消費者の多様なニーズに応える多様な品揃えが可能になったことである。いわて中央農協には品種や等階級のみならず、葉とらず栽培のブランド「葉ップル」、完熟リンゴ「じゅくりん」、蜜入りリンゴ「蜜姫」、特別栽培リンゴなど多様な商品アイテムがあり、提案を受けて販売することにより、他の小売店とは差別化した品揃えができる。すなわち、独自の販売戦略を立てることができる。アイテムは多少多いと感じることもあるが、産地と相対取引している以上、当然と考えている。
　第２に、早くて正確な情報を得ることにより、商機をはずさなくなるということである。階級別の入荷動向などは損益に係わる重要な情報であるが、市場を介すると思惑から不正確になる場合がある。産地からの情報は早くて

正確である。また、台風による落果リンゴの発生や小玉果の過剰などの情報があれば、すぐに広告を出して販売促進できる。

このように相対取引にはメリットを感じているが、手間がかかるため、バイヤーを増員しなければいわて中央農協の他に拡げることは難しいことも担当者は指摘している。

特別栽培リンゴは、上述のように、産地選択において重要である。取組を評価して、特別栽培に限らずいわて中央農協のリンゴに対しては、どんなに相場が低下しても、ある程度の下限価格を設定して取引している。しかし、特別栽培リンゴ販売そのものについては、量的には数％で、価格的にはプレミアムがないなど十分な取り組みができていない。2008年度は特別栽培リンゴの販売に力を入れる予定である。ただし、店頭のリンゴコーナーのPOPやカタログには、いわて中央農協が産地全体で特別栽培に取り組んでいることを大きく表示して、農薬の適正管理ができている産地であることを強くアピールしている。また、特別栽培リンゴが安定して供給されるのであれば、ギフト商品として取り入れることも検討する意向である。

以上のように、F社では、いわて中央農協との関係はリンゴの販売のみならず、店舗の競争上重要であり、その差別化の根幹に特別栽培がおかれている。

4．特別栽培導入による産地再編の条件と効果

1）産地戦略再編における特別栽培リンゴの意義

都南リンゴ産地に代表されるいわて中央農協の産地展開は、従来の果樹産地論の限界と新たな対応策を示している。当初、いわて中央農協の中核である都南リンゴ産地では、典型的な高級品産地型の展開を志した。しかし後発での高級品市場への参入は厳しく、産地構造も容易に転換できないことから、この展開は挫折する。そこで、市場出荷を前提とする製品戦略から、量販店との予約相対取引を志すチャネル戦略優位の販売戦略を目指した。ところが、

これも取引の主導権は小売側が握り、双方向的、互恵的な関係は築き得なかった。そこで、広域合併により産地規模が拡大したこととあわせ特別栽培を開始し、取引先を再編しつつ、取引先の競争も念頭に入れた製品戦略を構築し、F社に代表される小売店との双方向的、互恵的関係を築くことができた。それにより、長年の念願といってもよい下級品の特別販売を実施することが可能となった。つまり、高級品市場の縮小で高級品価格向上の余地が乏しくなる中で、全体的な平均価格向上の方策を格外リンゴの製品化に求めたのである。特別栽培は、このような互恵的関係を築く上での戦略的取組と位置づけることができる。そして、この取組は、青森県外の産地が主体性を保ちながら生き残るための第3の産地戦略モデルというべき性格をもつと考えられる。

2) **特別栽培リンゴの導入条件**

リンゴ作における特別栽培の特質は、細密な集団的調査に基づく綿密な合意形成という集団管理のあり方にある。このような集団管理が可能になったのは、無登録農薬問題や法改正問題などの政治・社会・経済問題に対応しながら、産地の防除体制を意識的にりんご部会に統合してきたためである。いわて中央農協のように、共同防除組織を含めた防除体制がりんご部会などの共販組織に完全に内部化されているのは、極めてまれである。

3) **特別栽培リンゴの販売上の意義**

特別栽培リンゴの販売上の意義として重要なのは、それが新たな取引の成立をもたらしたとともに、小売業者との互恵的関係を構築する要因となったということである。かかる互恵的関係が成立した要因は次のように整理される。

第1に、いわて中央農協がリンゴの特別栽培に取り組んでいることである。リンゴの農薬削減は非常に難しい取り組みで、特別栽培リンゴには希少性がある。実際、いわて中央農協では、特別栽培リンゴを切り込み役に、北海道

S生協をはじめとする新たな取引の獲得を続けている。そして、その評価は、単に商品としての特別栽培リンゴのみならず、産地全体の農薬管理体制の評価にもつながり、消費者にアピールしうる。このため、実際の特別栽培リンゴの取扱が数％にすぎないにしても重要である。

　第2に、いわて中央農協が多様な商品を有するという点である。F社のように、品揃えで他の量販店に対抗していこうとする場合、多様な商品が必要となる。そうした商品を一産地で揃えることができればコスト低減にもつながる。高糖度商品や葉とらずリンゴなどは取り組んだリンゴ産地は多いので、それだけでは特徴的な商品にならないが、特別栽培取り組み産地という付加価値がついたことで、これらの商品も生きてくる。

　第3に、いわて中央農協がF社の需要に対応しうる出荷規模を有しているということである。上述のような積極的な商品開発に取り組むという産地戦略は、基本的に小産地型の産地戦略である。そのような産地戦略をとりながらも、一定の出荷規模をもついわて中央農協は、中堅量販店のF社にとって重要である。

　第4に、F社のチェーン展開地域はリンゴの非生産地のため、リンゴは消費者に対する訴求力が強く、店舗間の競争アイテムとして重要であるということである。リンゴにより来店客の増加がもたらされれば、波及効果も大きいことから、ある程度産地に有利な条件も許容されるのである。

　なお、特別栽培リンゴが大手量販店で取り扱われるのは、贈答品ならばともかく、店頭では難しい。なぜなら、大手量販店の店頭販売量に、綿密な集団管理を必要とする特別栽培リンゴの生産量が追いつかないためである。確かに大手量販店も特別栽培的なPBに力を入れているが、リンゴの特別栽培は、他の作目よりもはるかに難しい。大産地においてはせいぜい有志的な取り組みにとどまることから、大手量販店では贈答品で取り扱う程度が現状である。

4）特別栽培リンゴの取り組みの地域的有効性

　特別栽培リンゴの取り組みは、地域的には、岩手など競争力の弱い産地ほ

ど高い効果がある。たとえば青森県は、独占的な大産地のうえ、長期貯蔵リンゴという強力な商品がある。山形県は西洋なしやさくらんぼなどの独占的商品をもつ。これらの県ではそのような独占的、寡占的性格をもつ商品を軸として、販売力の弱い商品に波及させるような総合的な果樹マーケティングを図ることができる。しかし、そうでない地域では、いわて中央農協のような取組が求められることとなる。

5．おわりに

本章は、いわて中央農協を事例に、特別栽培導入による産地再編の実態と、産地戦略上の意義について検討した。その結果、①特別栽培リンゴは量販店との互恵的関係を築く上での戦略的取り組みと位置づけることができること。②産地ぐるみの導入の条件として、共同防除組織などの防除体制が共販組織に内部化されること。③産地と量販店との互恵的関係の成立要件として、取り組みの希少性、量販店側の品揃えニーズに応えられる産地側の多様な商品供給体制、量販店側の需要に応えるための産地側の出荷規模、量販店が非リンゴ生産地に立地していることなどがあげられること。④特別栽培の取り組みは競争力の弱い産地ほど有効であることなどを指摘した。このように、全階層的な農家の諸力を活用しつつ、量販店との対等的な取引を進めるいわて中央農協の産地再編のあり方は、今後のリンゴ産地の方向性に重要な示唆を与えるものである。

注
1）産地論の観点から糖度基準を論じた代表的な文献として、先駆的業績である徳田（1997）の他に、徳田（2006）、徳田他（2007）などがある。
2）徳田（2006）では、先駆的に光センサー選果機を導入して高単価を得た農協が、その普及につれて価格を低下させていった実態が示されている。
3）いわて中央農協は、東北農業研究センターを主査とする地域農業確立総合研究「東北地域における農薬50％削減リンゴ栽培技術体系の確立」の実証現地である。

4）いわて中央農協リンゴ販売推進会議資料による。
5）具体的には、2003年の農薬取締法の改正と2006年の公衆衛生法の改正である。
6）交信攪乱剤とは、昆虫の性フェロモン剤であり、それが園地内に充満することにより、交尾を阻害する。特別栽培において農薬カウントされない剤である。
7）「あんしん産地」戦略とは、量販店との相対取引の拡大に向けて、安全性を前面に出していくいわて中央農協のリンゴ販売戦略である。
8）「玉抜き」は、量販店が自らの販売に都合の良い特定の等階級品のみ仕入を集中させることを指す。なお坂爪（1999）では、同様の発注方式について「中抜き」という用語を用いている。しかし流通論などでは、通常、流通段階の合理化を指して「中抜き」とすることが多いので、本書では市場で通常使用される「玉抜き」を用いた。
9）共販率は、産地戦略変更前の2000年では37.7％（都南地区のみ）、変更後の2007年は34.0％（管内全体：盛岡市、紫波町、矢巾町）である。ただし、この共販率は出荷量から算出された数字で、ごく最近いわて中央農協に合併された旧盛岡市農協管内以外は、人的にはほぼ100％部会に加入し、部会の防除に従っている。したがって、これらの地域では非共販リンゴ園はほとんど存在しない。ただし、非共販リンゴ園の多い旧盛岡市農協における特別栽培の推進は、今後の課題として残されている。

終章　結語—リンゴ産地の再編方向—

1．はじめに

　本章では、序章で掲げた三つの論点、リンゴ農民層、リンゴ生産組織、リンゴ産地形成・再編について、これまでの検討を踏まえて総括したのち、今後のリンゴ産地の再編方向を、主体的展開という点に留意して提起する。

2．新自由主義的経済体制下におけるリンゴ農業の構造分析の総括

1）新自由主義的経済体制下のリンゴ作農家の階層分化

　低成長期の農村工業導入進行下では、リンゴ農民層は等質的な構造が形成された。その背景には、不安定兼業収入と農業所得によって、家計費をまかなう農家経済が成立し得たことが指摘できる。しかし、新自由主義的経済体制下では、「切り売り労賃」を支えてきた従来の低賃金業種が大幅に縮小したことから、このような農家経済の成立条件が失われたため、家計は世帯主1世代では支えきれずに多世代で支えている。一方、農業所得への依存度が増し、中高年および女性労働力が農業に回帰している。さらに、一定のリンゴ所得の見込める中・上層農家では、夫婦の農業専従的労働力が確保されている上、家の後継者が少なからず存在する。しかし、下層農家では後継者が村外に他出している農家も多く、農業の基幹労働力も喪失している。このように農家の階層分化が進行している。中・上層農家の後継層は農外就業している者が多いが、不安定就業者はもとより、安定就業者の賃金も低い水準に

切り下げられていることから、経営主世代がリタイアすれば経営を継承する者が少なからず存在すると考えられる。下層農家は、家が消滅する農家が少なからず生じると考えられる。

2）リンゴ作農家の階層分化進行下における生産組織

　リンゴ農民は中・上層の経営主専従的な農家と下層の高齢・女性・兼業農家に分化している。基幹的農業従事者が欠損した下層農家は、剪定、防除などを委託しなければ存立し得ない。このため、剪定集団や共同防除組織が下層農家を下支えしている。つまり、現在のリンゴ農家の階層分化の進行下では、共同防除組織は上層農家による下層農家の労働力活用のための組織でも、等質的農家の分解緩和のための組織でもなく下層の下支え組織となっている。しかし、農家経済の成立条件が厳しくなっている中で、中・上層農家も下層農家を支える余力を失いつつある。

　その中で、共同防除組織などでは中・上層農家が担い手となっているオペレーターの離脱問題が深刻化している。離脱を止めるべく、共同防除組織ではオペレーターのメリット措置を図っているが、構成農家の農家経済の悪化の中で、組織がその費用を農家負担金に上乗せすることが難しくなっている。つまり、リンゴ産地の維持に多大な役割を果たしているが、組織存続のためには外部からの支援が必要となっている。

　剪定集団については、従来研究が乏しかったが、剪定作業において下層農家を下支えしているのみならず、剪定指導を中心にリンゴ農業者の育成機能すら有すること、リンゴ農業指導者層の再生産母体であり、青森県りんご協会など主体的な農民団体の基盤となっている等、リンゴ農民の自治の拠点であることが明らかになった。

　このように、生産組織は経済状況の悪化によって厳しい存立条件に立たされてはいるが、リンゴ地帯の地域農業存立に重要な役割を果たし、今後も産地再編の拠点となる可能性を有していることが示された。

3）地域農業の後退および流通再編における産地の対応

　高級品市場の縮小、小売量販店の巨大化および主導性の強化という市場環境の下で、産地間競争は再び青森県優位の状況が生じている。リンゴ産地では、地球温暖化や有袋栽培の減少による青森県の前進出荷により、産地間の競合が激化するとともに、小売量販店が巨大化する2000年頃から青森県中心に契約的な相対取引の動きが強くなっている。一方、地域農業の後退は、産地の存立に大きな影響を与えている。

　青森県では、２大勢力である農協共販、産地市場・産地商人ともに、大量出荷を背景とした小売量販店が求める定時、定量、定品質への対応、貯蔵リンゴによる周年供給を武器に小売量販店との結合を強めている。同時に農家育種された品種の普及・販売を農民自身で行う組織を設立し、新たな商品として確立させる取り組みが、双方で行われ始めている。いわば、縦割り型産地構造の中に横断型産地構造を導入しているのである。

　青森県外産地は、非常に厳しい競争条件下にあるが、その中で下層農家を含めた共同防除組織を場とした農民的活動を基礎に、特別栽培という新たな製品戦略を打ち出し、それと巨大量販店との厳しい競争条件下にある中堅量販店と関係性を深化させるというチャネル戦略を併進させ、新たな産地戦略を構築するという農協が現れている。

　以上のように、変動する市場環境下において、青森県内産地、県外産地ともに主体的に対応するための新たな動きが生じていることが明らかになった。

3．リンゴ産地の再編方向

　今後のリンゴ産地の再編方向について、寡占体制の完了していないわが国小売業界における競争関係を十全に活用することが極めて重要である。現在の流通環境下の産地間競争構造においては、青森県内産地よりも青森県外産地の戦略展開が極めて難しい状況にあるが、青森県内産地と取引することが

必ずしも得策ではない中小量販店と手を組みながら、青森県内産地の不得手な産地全体の総合性、統合性を追求して産地戦略を構築することが、産地の主体性確保のために今後不可欠であろう。青森県内産地においても、産地間競争については有利な状況となってきているが、巨大化する川下企業のバーゲニング・パワーは、産地の力を超えて強化されている。そのため、取引先を多様化するとともに、取引材料となる新たな商品開発も必要である。そのためには、横断型産地構造を取り入れながらの産地再編が求められよう。

産地再編にはパワーバランスを考慮したチャネル戦略とともに、消費者への訴求性の高い新たな品種や減農薬商品の提供といった製品戦略への対応が重要である。これらへの対応は、選果場レベルでは難しく、圃場における生産から革新していかなければならない。新たな品種の場合、新たな剪定法の検討が不可欠であることから、剪定集団が重要となる。減農薬商品については、防除暦の検討においても、その後の散布においても共同防除組織が重要となる。つまり、このようなリンゴ農民の共同体を拠点とした農家の集団的活動の蓄積が、製品戦略の源泉となりうるのである。下層農家も共同体に支えられることにより、有袋栽培や特別栽培など商品生産の担い手となりうる。そこで得た利益については、集団的活動を支える担い手に分配する。以上が今後のリンゴ産地の再編方向であると考える。

4．今後の課題

新自由主義的経済体制下において、わが国農産物は国内市場の自由化にまきこまれるとともに、輸出を奨励されている。そしてそのような競争に打ち勝つための体質強化と称して、大規模化や企業化が不可欠であるという論調が自由化論者からなされ、国策としても奨励している。そのような中で、リンゴ作は国内市場において輸入品との競争に打ち勝つとともに、もっとも輸出の盛んな優等生的な作目として取り扱われている。しかし、本書で見てきたとおり、リンゴ作経営は中小規模経営が主役であり、技能的な技術構造に

起因する技能者的農家集団のもとで生産が行われており、決して大規模化や企業化により競争力が形成されているわけではない。今後、このような技能的な技術構造とその上に立つ技能者的農家集団がどこまで国際競争への対抗力を持つか検討することが重要な課題である。

しかし、一方で、農家数は減少しており、構造的な生産縮小も避けられない状況である。その補填として、技能者的農家集団による新規参入者の育成・指導とともに、大規模リンゴ作経営の育成も今後重要な課題である。そのための技術開発の条件や、技能者的農家集団との関係なども今後の課題として検討する必要があるだろう。

引用・参考文献

[1]　安土敏．1987．日本スーパーマーケット原論．ばるす出版．286p．
[2]　相原和夫．1985．果樹農業再編の課題（桐野昭二，渡辺基編，商業的農業と農法問題）．日本経済評論社．p.199-254．
[3]　相原和夫．1990．柑橘農業の展開と再編．時潮社．218p．
[4]　安藤光義．2003．構造政策の理念と現実．農林統計協会．196p．
[5]　渥美俊一．2007．チェーンストア経営の目的と現状　新訂版．実務教育出版．191p．
[6]　青木紀．1985．東北における労働市場の展開（河相一成，宇佐美繁編，みちのくからの農業再構成）．日本経済評論社．p.59-92．
[7]　青柳斉．1997．集落生産組織の人材形成と展開形態．日本農業あすへの歩み　200．p.62-66．
[8]　青森県．1962．青森県りんご発達史第3巻　明治期りんご植栽拡大史．青森県農林部りんご課．183p．
[9]　青森県．1963．青森県りんご発達史第4巻　明治期りんご病虫害発生防除史．青森県農林部りんご課．150p．
[10]　青森県．1965．青森県りんご発達史第5巻　明治大正りんご販売史．青森県農林部りんご課．231p．
[11]　青森県．1966．青森県りんご発達史第6巻　明治期りんご園経営史．青森県農林部りんご課．341p．
[12]　青森県．1967．青森県りんご発達史第7巻　大正期りんご栽培改善史．青森県農林部りんご課．369p．
[13]　青森県．1969．青森県りんご発達史第8巻　昭和前期りんご栽培技術史(上)．青森県農林部りんご課．251p．
[14]　青森県．1970．青森県りんご発達史第9巻　昭和前期りんご栽培技術史(下)．青森県農林部りんご課．324p．
[15]　青森県．1984．昭和59年りんご生産指導要項．青森県．p.49．
[16]　青森県．2005．平成16年度青森県社会経済白書．青森県．p.168．
[17]　青森県りんご生産指導要項編集委員会編．2008．りんご生産指導要項2008-2009．青森県りんご協会．p.311．
[18]　青森県りんご協会．1969．青森県りんご協会20年史．青森県りんご協会．243p．
[19]　青森県りんご協会．1979．青森県りんご協会30年史．青森県りんご協会．86p．

[20] 青森県りんご協会. 1986. 青森県りんご協会四十年史. 青森県りんご協会. 185p.
[21] 青森県りんご協会. 1996. 喜びと悲しみと怒りとりんご協会の50年. 青森県りんご協会. 319p.
[22] 青森県りんご協会. 2004. 青森県りんご協会60年史. 青森県りんご協会. 197p.
[23] 麻野尚延. 1971. 青果農協論─愛媛県温泉青果農協の分析. 富民協会. 360p.
[24] 麻野尚延. 1987. みかん産業と農協. 農林統計協会. 199p.
[25] 浅田武典. 1988a. 開心形リンゴ樹の果実生産性に関する研究　第1報　津軽地域における優良リンゴ園の収量. 弘前大学農学部学術報告　49：47-60.
[26] 浅田武典. 1988b. 開心形リンゴ樹の果実生産性に関する研究　第2報　葉面積指数、単位葉面積当たり果数、収量の相互関係. 弘前大学農学部学術報告　50：50-54.
[27] フリードマン, M. 2008. 村井章子訳. 資本主義と自由. 日経BP社. 380p.
[28] ハーヴェイ, D. 2007. 渡辺治監訳. 新自由主義　その歴史的展開と存在. 作品社. 395p.
[29] 橋本寿郎. 1995. 戦後の日本経済. 岩波新書. 243p.
[30] 波多江久吉, 斉藤康司編. 1977. 青森県りんご100年史. 青森県. 1170p.
[31] 波多江久吉. 1984. りんご生産の発達─青森県の場合─. 日本農業発達史　第5巻. 中央公論社. p.423-534.
[32] ハイエク, F.A. 1992. 一谷藤一郎, 一谷映里子訳. 隷従への道　全体主義と自由（改版）. 東京創元社. 322p.
[33] 平野暁. 1989. 果樹栽培における物質生産の重要性とその研究の意義（平野暁, 菊池卓郎編, 果樹の物質生産と収量）. 農山漁村文化協会. p.15-24.
[34] 兵藤釗. 1971. 日本における労使関係の展開. 東京大学出版会. 479p.
[35] 一木茂. 1984. 施肥（津川力編, リンゴ栽培技術）. 養賢堂. p.134-136.
[36] 細野賢治. 2009. ミカン産地の形成と展開. 農林統計出版. 161p.
[37] 堀田忠夫. 1995. 産地流通生産論. 大明堂. 276p.
[38] 細川允史. 1993. 変貌する青果物卸売市場─現代卸売市場体系論─. 筑波書房. 175p.
[39] 細川允史. 2009. 転機に立つわが国卸売市場─委託手数料弾力化を期として. 農業市場研究　18(1)：12-18
[40] 井手英策. 2006. 経済政策の現代理論（田代洋一, 萩原伸次郎, 金澤史男編, 現代の経済政策　第3版）. 有斐閣. p.77.
[41] 今河英男. 1972. リンゴの産地市場をめぐる諸問題（矢島武先生定年退官事業会編, 現代農業経営経済新説）. 養賢堂. p.267-282.

- [42] 今村奈良臣. 1976. 稲作生産組織の生成・展開・展望.（小倉武一編著，集団営農の展開）. 御茶の水書房. p196.
- [43] 井村喜代子. 2000. 現代日本経済論 新版. 有斐閣. 498p.
- [44] 井上完二. 1979. 農民経営の変貌と稲作の課題（井上完二編，現代稲作と地域農業）. 農林統計協会. p.21.
- [45] 磯辺俊彦. 1954. 商業的農業展開の諸条件. 農業総合研究 8(4)：205-260.
- [46] 磯辺俊彦編. 1975. みかん危機の経済分析. 現代書館. 253p.
- [47] 磯辺俊彦. 1985. 日本農業の土地問題. 東京大学出版会. 594p.
- [48] 磯田宏. 1992a. オレンジ輸入自由化とみかん農業—農業保護政策後退下の再生産過程—（上）. 佐賀大学経済論集 25(3)：1-31.
- [49] 磯田宏. 1992b. オレンジ輸入自由化とみかん農業—農業保護政策後退下の再生産過程—（下）. 佐賀大学経済論集 25(4)：1-29.
- [50] 磯島昭代. 2010. 贈答用果物の家計支出. 東北農業経済研究 28(2)：15-22.
- [51] 伊藤喜雄. 1973. 現代日本農民分解の研究. 御茶の水書房. 517p.
- [52] 伊藤喜雄. 1979. 現代借地制農業の形成. 御茶の水書房. 295p.
- [53] 香月敏孝，高橋克也. 1995. 温州みかん高品質化生産の動向. 農業総合研究 49(3)：59-102.
- [54] 香川文庸. 2003. 農作業料金の経済分析. 農林統計協会. 416p.
- [55] 梶井功. 1986. 農業生産力の展開構造. 筑波書房. 342p.
- [56] 梶井功. 1987a. 小企業農の存立条件. 筑波書房. 400p.
- [57] 梶井功. 1987b. 基本法農政下の農業問題. 筑波書房. 456p.
- [58] 神田健策. 2000. 果実の輸入自由化と果樹産地の再編—りんごを中心に—（三國英實編著, 再編下の食料市場問題）. 筑波書房. p.151-169.
- [59] 加瀬良明. 2008.「グローバル資本主義」への転換＝推進体制と世界農業問題の再編構造（農業問題研究学会編，グローバル資本主義と農業）. 筑波書房. p.1-38.
- [60] 加藤光一. 1988. 特殊農村的低賃金構造研究序説（Ⅰ）. 農業研究. 日本農業研究所. p.149.
- [61] 桂明宏. 2002. 果樹園流動化論. 農林統計協会. 415p.
- [62] 川村琢. 1960. 農産物の商品化構造. 三笠書房. 377p.
- [63] 川村琢. 1971. 主産地形成と商業資本. 北海道大学図書刊行会. 353p.
- [64] 川村琢. 1976. 現代農業と市場（川村琢，湯沢誠編，現代農業と市場問題）. 北海道大学図書刊行会. p.1-14.
- [65] 川野訓志. 2006. 商業・流通政策（田代洋一，萩原伸次郎，金澤史男編，現代の経済政策 第3版）. 有斐閣ブックス. p.170-173.
- [66] 木立真直. 2003. 食品流通の転換と政策課題. 農業経済研究 75(2)：36-46.
- [67] 菊池卓郎. 1986. せん定を科学する. 農山漁村文化協会. 160p.

[68] 菊池卓郎．1989a．栽培方式、栽植様式と収量（平野暁，菊池卓郎編，果樹の物質生産と収量）．農山漁村文化協会．p.203-224．
[69] 菊池卓郎．1989b．樹勢—その測定法と収量との関連（平野暁，菊池卓郎編，果樹の物質生産と収量）農山漁村文化協会．p.254-263．
[70] 菊池卓郎，今喜代治編．1993．りんごの樹形と剪定．農山漁村文化協会．335p．
[71] 木村務．1994．果樹作農業の展開方向—ミカンを中心に—（九州農業経済学会編，国際化時代の九州農業）．九州大学出版会．p.368-376．
[72] 桐野昭二．1992．改訂版　これからミカンをどう作る　産地農業と産地農協．筑波書房．254p．
[73] 倉本器征．1988．水田農業の発展条件．農林統計協会．158p．
[74] 黒瀬一吉．1989．過剰下におけるミカン作経営の発展方式に関する研究—わが国の代表的ミカン産地の実証分析—．農林水産省農業研究センター．272p．
[75] 桑原正信，森和男編．1969．果樹産業成長論．明文書房．321p．
[76] 真部和義．2007．21世紀に入った日本の流通（加藤義忠，齋藤雅通，佐々木保幸編，現代流通入門）．有斐閣．p.239-262．
[77] 松下秀介．2003．みかん作の経済性と農家の市場対応．農業技術研究機構中央農業総合研究センター．155p．
[78] 三國英實．1984．わい化リンゴの普及と流通問題（りんごわい化栽培の現状と発展方向に関する研究）．弘前大学農学部．p.37-60．
[79] 三島徳三．2001．規制緩和政策の展開と農業・農産物（三國英實，来間泰男編．日本農業の再編と市場問題）．筑波書房．p.33-70．
[80] 御園喜博．1963．果樹作農業の経済的研究—「成長部門」の経済構造．養賢堂．382p．
[81] 御園喜博．1966．農産物市場論．東京大学出版会．412p．
[82] 御園喜博編．1989．地域農業の総合的再編—生産・加工・流通・消費—．農林統計協会．336p．
[83] 宮村光重．1987．農産物流通と国民生活．筑波書房．399p．
[84] 宮村光重．1988．農協・生協と国民生活．筑波書房．p.155-172．
[85] 宮下利三．1963．リンゴのマーケッティング．青森県りんご協会．348p．
[86] 森和男．1961．傾斜地果樹作経営の構造分析．農業総合研究所．364p．
[87] 森和男編．1979．果樹産業の安定と発展．明文書房．214p．
[88] 森武麿．1999．戦時日本農村社会の研究．東京大学出版会．309p．
[89] 森武麿．2005．戦間期の日本農村社会．日本経済評論社．344p．
[90] 森尾昭文，豊田隆．1997．果樹輸出システムの形成と垂直調整—日本とニュージーランドの国際比較．農業経済研究　69(1)：52-58．

- [91] 村串仁三郎．1998．日本の鉱夫．世界書院．246p.
- [92] 永田恵十郎．1979．地域農業の再編成と稲作経営（井上完二編，現代稲作と地域農業）．農林統計協会．p.615-626.
- [93] 中安定子．1996．生産調整下の農業構造．農林統計協会．231p.
- [94] 梛野順三．2007．イオンが変える流通業界．ぱる出版．238p.
- [95] 成田拓未．2005a．農協共販と下位等級品果実産直―青森県津軽平賀農協の事例―．農業市場研究 14(1)：1-10
- [96] 成田拓未．2005b．農協経済事業の今日的課題―青森りんごの農協共販と農協間共同―．協同組合奨励研究報告 31：79-102.
- [97] 二村一夫．1988．足尾暴動の史的分析．東京大学出版会．366p.
- [98] 西尾敏男．1975．農業生産組織を考える．家の光協会．254p.
- [99] 野中章久．2003．農協の地域農業再編機能．中央農業総合研究センター．232p.
- [100] Nonaka, A. 2009. An Overview of Studies of the Low Non-Farming Wage Problem in the Rural Labor Market in Japan. The Japanese Journal of Rural Economics 11：33-46.
- [101] 野村正實．2000．労働市場．大原社会問題研究所雑誌 500：17-31.
- [102] 野村正實．2003．日本の労働研究―その負の遺産―．ミネルヴァ書房．325p.
- [103] 農山漁村文化協会編．1985．果樹全書リンゴ．農山漁村文化協会．794p.
- [104] 小原信実．1984．整枝剪定の実際（津川力編，リンゴ栽培技術）．養賢堂．p.53-88.
- [105] 小野雅之．2001．規制緩和と農産物市場の構造変動（三國英實，来間泰男編．日本農業の再編と市場問題）．筑波書房．p.87-99.
- [106] 小野祐幸．1989．立木仕立て果樹の葉量と生育，収量（平野暁，菊池卓郎編，果樹の物質生産と収量）．農山漁村文化協会．p.84-124.
- [107] 大原興太郎．1985．稲作受託組織と農業経営．日本経済評論社．310p.
- [108] 大橋治．2008．農協の販売事業と地域農業振興．東北農業経済研究 26(2)：12-22.
- [109] 大谷省三．1973．自作農論・技術論．農山漁村文化協会．392p.
- [110] 齋藤雅通．2007．小売業態の発展（加藤義忠，齋藤雅通，佐々木保幸編，現代流通入門）．有斐閣．p.124-144.
- [111] 斎藤修．2001．食品産業と農業の提携条件―フードシステム論の新方向―．農林統計協会．313p.
- [112] 斎藤修．2005．青果物フードシステムの革新を考える．農林統計協会．112p.
- [113] 坂爪浩史．1995．スーパー資本の展開と生鮮食品調達システム（三國英實編，

今日の食品流通). 大月書店. p.119-144.
- [114] 坂爪浩史. 1997. 海外産地の動向と輸入青果物の流通構造. (小野雅之, 小林宏至編, 流通再編と卸売市場). 筑波書房. p.70-104.
- [115] 坂爪浩史. 1999. 現代の青果物流通―大規模小売企業による流通再編の構造と論理―. 筑波書房. 214p.
- [116] 酒井富夫. 2008. 農業構造問題の分析視角. (農業問題研究学会編, 農業構造問題と国家の役割). 筑波書房. p.1-28.
- [117] 櫻井清一. 2008. 農産物産地をめぐる関係性マーケティング分析. 農林統計協会. 152p.
- [118] 佐藤和憲. 1998. 青果物流通チャネルの多様化と産地のマーケティング戦略. 養賢堂. 156p.
- [119] 佐藤了, 倉本器征, 大泉一貫. 1991. 東北水田農業の担い手問題と土地利用秩序の形成 (永田恵十郎編, 水田農業の総合的再編). 農林統計協会. p.46-49.
- [120] 清晌一郎. 2000. 日本経済の展開と産業政策. (田代洋一, 萩原伸次郎, 金澤史男編, 現代の経済政策 新版). p.112-117.
- [121] 七戸長生. 1988. 日本農業の経営問題. 北海道図書刊行会. 298p.
- [122] 塩崎雄之輔. 1986. 斉藤昌美氏の安定多収型「玉簾」剪定. 剪定 28：16-24.
- [123] 塩崎雄之輔. 1993. リンゴの半密植栽培 (菊池卓郎, 今喜代治編, リンゴの樹形と剪定). 農山漁村文化協会. p.262-280.
- [124] 隅谷三喜男. 1976. 労働経済論. 筑摩書房. 258p.
- [125] 高嶋克義, 桑原秀史. 2008. 現代マーケティング論. 有斐閣. 366p.
- [126] 田畑保. 2004. 日本農業の地域性 (田代洋一編, 日本農業の主体形成). 筑波書房. p.37-92.
- [127] 高橋正郎. 1973. 日本農業の組織論的研究. 東京大学出版会. 317p.
- [128] 田辺良則. 1972. リンゴ価格の季節変動 (矢島武先生定年退官事業会編, 現代農業経営経済新説). 養賢堂. p.283-298.
- [129] 田辺良則. 1975. りんごの流通 (青木二郎編, 新編りんごの研究). 津軽書房. p.421-453.
- [130] 田代洋一. 1979. 労働市場と兼業農家問題の現局面. 農業経済研究 51(2)：63-71.
- [131] 田代洋一. 1984. 日本の兼業農家問題 (松浦利明, 是永東彦編, 先進国の兼業農家問題). 農業総合研究所. p.203-206.
- [132] 田代洋一. 1986. 地域農業の再構成への基礎視点. (変革の日本農業論). 日本経済評論社. p.85-136.
- [133] 田代洋一. 2003. 新版 農業問題入門. 大月書店. 298p.

[134] 田代洋一. 2004. 課題としての主体形成（田代洋一編, 日本農業の主体形成）. 筑波書房. p.15-36.
[135] 田代洋一. 2006. 集落営農と農業生産法人. 筑波書房. 284p.
[136] 徳田博美. 1997. 果実需給構造の変化と産地戦略の再編―東山型果樹農業の展開と再編―. 農林水産省農業研究センター. 267p.
[137] 徳田博美. 2006. 光センサー普及段階における果実の内部品質選別と価格形成. 農業市場研究 15(1)：12-23.
[138] 徳田博美, 村田智広. 2007. ミカン産地における高糖度戦略と価格形成―三重県N農協を事例として―. 農業経営研究 45(1)：42-52.
[139] 徳田博美. 2009a. 柑橘産地における地域的営農支援システムの形成. 2009年度日本農業経済学会論文集：32-38.
[140] 徳田博美. 2009b. 柑橘産地における産地マーケティングの特質―産地棲み分け戦略の展開―. 農業市場研究 18(2)：34-35.
[141] 徳永重良. 1967. イギリス賃労働史の研究. 法政大学出版局. 371p.
[142] 友田滋夫. 2006. 非正規雇用の新たな可能性と現実（経済構造転換期の共生農業システム）. 農林統計協会. p.79-110.
[143] 友寄英隆. 2006. 「新自由主義」とは何か. 新日本出版社. 190p
[144] 外崎正義. 1956. 外崎嘉七略伝（外崎嘉七翁記功碑報徳会編, 外崎嘉七翁傳全）. p.91-235.
[145] 豊田隆. 1981. 危機における生産組織の農民的意義―集団的土地利用をめぐる論点整理―. 農業総合研究 35(4)：57-144.
[146] 豊田隆. 1982. りんご生産と地域農業. 農政調査委員会. 222p.
[147] 豊田隆. 1984a. 果樹農業生産構造の分析視角. 弘前大学農学部学術報告 41:113-145.
[148] 豊田隆. 1984b. わい化リンゴの経営経済構造. りんごわい化栽培の現状と発展方向に関する研究. 弘前大学農学部. p.11-36.
[149] 豊田隆. 1985. 東北農業経営の現段階（河相一成, 宇佐美繁編, みちのくからの農業再構成）. 日本経済評論社. p.243-292.
[150] 豊田隆. 1986. 青森県りんご協会の展開と機能（青森県, 青森県農業の展開構造）. 青森地域社会研究所. p.797-819.
[151] 豊田隆. 1987a. 果樹市場とりんご産地商人. 弘前大学農学部学術報告 48：28-76.
[152] 豊田隆. 1987b. 果樹インテグレーションと重層産地形成. 農産物市場研究 24：30-42.
[153] 豊田隆. 1987c. 経営複合化と土地管理主体（東北農業研究会編, 東北農業・農村の諸相. 御茶の水書房）. p.46.
[154] 豊田隆. 1990. 果樹農業の展望. 農林統計協会. 236p.

[155] 津川力編．1984．リンゴ栽培技術．養賢堂．450p．
[156] 梅本雅．1992．集落営農の構造と特質．東北農村計画研究　8：31-33．
[157] 宇野忠義．1990．農家の就業構造．地域農業の構造と再編方向．日本経済評論社．p.75-116．
[158] 宇野忠義．2003．全村ぐるみの稲作生産組織化とリンゴ経営―青森県相馬村―（田代洋一編，日本農業の主体形成）．筑波書房．p.150-164．
[159] 宇野忠義．2008．リンゴ農家の経営危機とリンゴ火傷病の検疫問題―WTO体制下の構造問題に迫る．弘前大学出版会．61p．
[160] 宇野忠義．2009．青森農業は生き残れるか．北方新社．126p．
[161] 宇佐美繁．1975．共販体制と農民諸階層（磯辺俊彦編，みかん危機の経済分析）．現代書館．p.188-235．
[162] 宇佐美繁．1985．農民層分解と土地問題（河相一成，宇佐美繁編，みちのくからの農業再構成）．日本経済評論社．p.293-332．
[163] 宇佐美繁編．1997．1995年農業センサス分析　日本農業―その構造変動―．農林統計協会．283p．
[164] 宇佐美繁．2005a．宇佐美繁著作集Ⅰ　農民層分解と稲作上層農．筑波書房．334p．
[165] 宇佐美繁．2005b．宇佐美繁著作集Ⅱ　農村社会の史的構造．筑波書房．353p．
[166] 宇佐美繁．2005c．宇佐美繁著作集Ⅳ　農業構造と担い手の変貌．筑波書房．357p．
[167] 山家悠紀夫．2001．「構造改革」という幻想．岩波書店．220p．
[168] 山本潔．1967．日本労働市場の構造．東京大学出版会．338p．
[169] 山崎亮一．1995．労働市場の地域特性と農業構造．農林水産省農業研究センター．240p．
[170] 横田清．1985．年間の生育と生理（農山漁村文化協会編，果樹全書リンゴ）．農山漁村文化協会．p.52-57．
[171] 若林秀泰．1960．果樹農業の展開構造．東京明文堂．277p．
[172] 若林秀泰．1962．果樹経済論　協同化の展開．東京明文堂．253p．
[173] 若林秀泰編．1969．青果物流通の経済分析．家の光協会．387p．
[174] 綿谷赳夫．1979．農民層の分解　綿谷赳夫著作集　第1巻．農林統計協会．367p．

あとがき

　本書は岩手大学大学院連合農学研究科に提出した学位請求論文に基づいて作成したものである。各章の基礎となった論文は以下のとおりである。

序　章　書き下ろし
第1章　長谷川啓哉「『構造改革』下におけるリンゴ産地の生産・流通構造変化と組織再編―労働および消費市場条件変化の影響と対応―」『東北農業経済研究』第28巻第1号、p15-26、2010年
第2章　長谷川啓哉「平成不況下における低賃金地帯の地域労働市場とリンゴ農家の特質―津軽地域の水稲・リンゴ複合地帯を対象として―」『農業問題研究』第60号、p13-26、2007年
第3章　長谷川啓哉「農民層分化進行下におけるリンゴ作の属地型共同防除組織の再編論理―青森県津軽地域の共販主体産地を対象として―」『東北農業経済研究』第26巻第2号、p1-11、2008年
第4章　長谷川啓哉「地域農業におけるリンゴ剪定集団の機能―青森県を事例に―」『農業問題研究』第66号、p1-9、2010年
第5章　長谷川啓哉「リンゴ産地における産地マーケティングの特質―市場地位と量販店対応」『農業市場研究』第19巻第4号、p26-37、2011年
第6章　長谷川啓哉「『構造改革』下におけるリンゴ産地の生産・流通構造変化と組織再編―労働および消費市場条件変化の影響と対応―」『東北農業経済研究』第28巻第1号、p15-26、2010年
第7章　長谷川啓哉・高梨祐明「特別栽培リンゴ生産による産地戦略再編―いわて中央農協を事例として―」『農業市場研究』第18巻第3号、p1-12、2008年
終　章　書き下ろし

本論文の作成に当たっては、神田健策　弘前大学教授に懇切なご指導を賜った。神田教授におかれては学位提出を快く引き受けていただいたばかりか、ゼミへの参加もご配慮いただいた。深く感謝したい。また、副査である小沢亙　山形大学教授、木下幸雄　岩手大学准教授、石塚哉史　弘前大学准教授からは適切なご指摘をいただいた。これらの諸先生にも深く感謝申し上げたい。

　もとより、調査研究の常として、本研究の遂行にあたっては、農家、農協職員、普及職員、試験場職員、青森県りんご協会、青森県移出商業協同組合連合会、弘果など極めて多くの方からご助力をいただいている。その中でも、岩手県奥州市江刺区農家　高橋守氏、元黒石市農協職員　水木裕之氏、元青森県普及職員　工藤治氏、青森県黒石市浅瀬石地区農家　佐藤国雄氏、元青森県りんご協会職員　小枝善蔵氏、いわて中央農協職員　横沢勤氏のご助力がなければ論文の作成は不可能であった。もちろんその他の方々にも多大なご助力をいただいているが、これらの方々には特にお名前をあげて感謝申し上げたい。

　学生時代、筆者は「人の営み」の根幹を知る学問をしたいと考えていたが、それが農業経済学であるということを示し、導いてくれたのは明治大学時代の指導教官であった西山久徳先生である。西山先生との出会いがなければ研究者となっていたか不明であり、先生の学恩は大きい。また、徳田博美　三重大学准教授におかれては、科研費や学会編纂著書など、数多くの共同研究にお誘いいただいた。この共同研究の中で筆者が得たものは大きく、深く感謝申し上げたい。また、事あるごとに激励いただいた宇野忠義　弘前大学名誉教授にもお礼申し上げたい。

　東北農業試験場の研究員に採用されて以降は、職場の上司、同僚の皆様に様々なご指導を賜った。特に折登一隆氏には、研究の基礎の基礎からご指導を賜ったこと深く感謝申し上げたい。歴代の上司である佐藤了氏、坪井伸広氏、藤森英樹氏、鵜川洋樹氏、関野幸二氏におかれては、すばらしい研究環

境と数々のご指導を賜った。歴代の同僚である宮武恭一氏、角田毅氏、金岡正樹氏、澤田守氏、迫田登稔氏、高橋太一氏におかれては数々のご助言、ご指導をいただいた。このような優秀な方々と研究ができたことに感謝したい。また、本書の成果のいくつかは、技術分野の研究者との共同プロジェクト「東北地域における農薬50％削減リンゴ栽培技術体系の確立」から生じているが、苦楽をともにした高梨祐明氏、足立嘉彦氏、土師岳氏にもお礼を申し上げたい。

　最後に、筆者を農業の世界に導いていただいた岐阜県下呂市の中島正氏（『自然卵養鶏法』の著者）に、深甚なる感謝を申し上げる。

長谷川　啓哉

【著者紹介】

長谷川　啓哉（はせがわ　てつや）

略歴
1970年　東京都生まれ
1994年　明治大学農学部農業経済学科卒業
1996年　明治大学大学院農学研究科修士課程修了
1996年　農林水産省　東北農業試験場
2011年　博士（農学）［岩手大学］
現在　　独立行政法人　農業・食品産業技術総合研究機構
　　　　東北農業研究センター　生産基盤研究領域　主任研究員

リンゴの生産構造と産地の再編
新自由主義的経済体制下の北東北リンゴ農業の課題

2012年3月15日　第1版第1刷発行

著　者　　長谷川啓哉
発行者　　鶴見治彦
発行所　　筑波書房
　　　　　東京都新宿区神楽坂2－19 銀鈴会館
　　　　　〒162－0825
　　　　　電話　03（3267）8599
　　　　　郵便振替00150－3－39715
　　　　　http://www.tsukuba-shobo.co.jp

定価はカバーに表示してあります

印刷／製本　平河工業社
©Tetsuya Hasegawa 2012 Printed in Japan
ISBN978-4-8119-0402-3 C3033